ワークルールの基礎

三井正信 [著]

広島大学社会科学研究叢書 1

成 文 堂

はじめに

　ワーキングライフを送ること（雇われて企業などで働くこと）は、それによって生活の糧や生きがいを得るなどわれわれにとって極めて重要な事柄であり、またわれわれは人生の長い期間、キャリアを展開しつつどこかで雇われて働いて過ごすことになります。その間には社会や経済や勤め先の状況も大きく変化し、山あり谷ありで、たくさんの人たちとかかわったり、色んな出来事やトラブルに出くわしたりします。出世したり転勤したりリストラされたり様々です。したがって、このようなワーキングライフを円滑に送っていくためには、当然、それを支えるルールが必要となります。

　さて、雇用されて働けば法律上は職業のいかんを問わず労働者と位置付けられます（したがって、工場労働や現業労働のみならず、丸の内のサラリーマンをはじめとする事務・営業職や大学の教職員なども当然に労働者ですし、学生がアルバイトする場合もれっきとした労働者となります）。そして、雇用が展開される社会を雇用社会と呼びます。近年、雇用社会に関わる人が増大するとともにこのような雇用社会も大きな変化を迎え働き方や職場の環境も複雑多様化してきています。それにともなって、雇用社会を支える法ルールである労働法（ワークルール）も複雑多様化するとともに難解なものになりつつあります。労働法の教科書は年々分厚くなり、難しい議論や問題が続々と登場してきています。新たな紛争や新たな判例も数多く見られます。法改正も日常茶飯事となった感すらあるといってよいでしょう。ブラック企業の跋扈、長時間労働の蔓延、パワハラやセクハラの横行、過労死・過労自殺の頻発（働き過ぎで死ぬとか自殺をするということは痛ましくかつ異常なことといえます）といった由々しき事態も散見されそれらが大きく社会問題となる事例も増加してきています。労働法は理解困難で複雑で様々な事項や問題を含み、しかも変化や流動化してやまない法領域と化していると言っても過言ではない状態です。このようななかでみなさんが働くうえでどのような権利を持っているのかもそう簡単には把握することができなくなっているといえるかもしれません。

　しかし、労働法は、われわれ多くの国民のワーキングライフを支える重要

なセーフティーネットを構成しており、ワーキングライフの場である企業・職場や雇用社会の基本ルールをなしています。要は、円滑かつ快適にワーキングライフを送るという点で自分に毎日密接にかかわってくる長いお付き合いの法ルールであり、また働いていくうえで自分を守る武器でもあるのです（たとえば、きちんとルールを知っていれば違法なあるいは不当なリストラは「社長、それは違法です！」と言って跳ね返すことができますし、年休や育児休業・介護休業の取得など正当な権利主張も可能となります）。しかも、ルールがきちんと定着していれば雇用社会の深刻で問題ある事態もなくなったり改善・解消されたりします（その結果、みんな幸せになります）。加えて、雇用社会をめぐる問題の多くは、マスコミ等で騒がれた安部政権下の働き方改革、あるいはコロナ禍におけるテレワークや休業問題・失業問題をはじめとして現在においてはホット・イシューともなっています。したがって、本当ならば、国民1人1人が自分の問題として関心を持って労働法を受け止め理解すべきであり、また将来雇用社会に出て行く（そして今現在もアルバイトで働いている）高校生や大学生もこれからのワーキングライフ（あるいは現在のアルバイトライフ）に備えて労働法の知識や基礎を習得しておくべきであり、それが安心で快適なワーキングライフの実現（そして、トラブルが生じたときの円滑かつ妥当な解決や深刻な事態・問題の発生の防止・回避）につながるといえます。しかし、先に述べた雇用社会と労働法を取り巻く状況は一般の労働者や高校生・大学生による労働法の理解を妨げ、本来身近であるべき労働法を遠い存在にしています。これは大いに問題ある状態といえるでしょう。

　そこで、近年、雇用社会に出る前の、高校レベルを念頭に置いた、あるいは大学生に対するワークルール教育の重要性と一般社会に向けた労働法知識の普及・啓蒙の必要性、つまりこれから働こうとする人たちや既に働いている人たちに対して基礎的な労働法＝ワークルールをめぐる教育を行ったり知識を広めたりしていくことが喫緊の課題となっており、そのことが労働界や政界や学界においてもようやく認識され出してきています。したがって、そのため、単なるハウ・ツー本や注釈書ではなく、ワークルールの基礎・骨格・全体像が有機的にわかりやすく役立つような形で身に付く勘所を踏まえたテキストないし一般書を作ることが必要かつ重要となってきています。本

書は、以上の問題意識を受け、「労働法は私たちのもの」という原点に帰って、主として①高校レベルの限られた時間で効率よく労働法を学習し理解する教材を提供すべく、あるいは②大学生や一般の方がざっと短期間で全体的、総合的かつ体系的にワークルールの知識を身につけるためのよりどころ（ガイドブックないしガイドマップ）となるべく簡にして要を得た内容を心がけて執筆したものです。果たして、このような試みが成功しているかどうかはわかりませんが、とにかく作業の第一歩のつもりでいわばパイロット版の入門編として本書を公にする次第です。以上の理由から、本書においては細かな枝葉や細部にこだわらず、ワークルールの基礎（大筋・骨格・基本的な仕組み）やセンス・考え方を重要事項を中心にできるかぎりわかりやすくシンプルかつストレートに、しかもメリハリをつけて体系性・総合性を踏まえつつ説くという基本方針をとりました。基礎やセンス・基本的考え方さえ身につけば今後はいくらでも詳しい知識や情報を得ることができますし専門書などに手を伸ばすことや応用を利かすことも可能です。さあ、いよいよワークルールの世界への旅のスタートです。このガイドブック（ガイドマップ）を手に扉を開きここから第一歩を踏み出してみましょう。この本は小さな本ですが、読み終わったときにはワークルールが立体的な形で身近なものとなり自分の血となり肉となっているのがわかるでしょう。なお、喫緊の問題に直面していて時間がないという方のために、とりあえず必要な箇所だけを読んでも理解し役立つように（いわば世界一周旅行のためだけではなく地域の小旅行でも案内やガイドとして活用できるように）執筆していますので、ご安心ください。ちなみに、本書は法律のことを論じるのでできれば小さいものでもいいので六法を手元において読んでいただければ幸いです。本書の記述は民間企業におけるワークルールを対象としていますが、公務員については国家公務員法や地方公務員法などが特別にワークルールを定めており、紙幅の関係もあって、それらについての紹介は別の機会に委ねたいと思います。

　本書は、筆者が2004年に執筆し雑誌に連載した「わかりやすい現代労働法入門」を一応の土台としていますが、それにそれ以降現在までの判例や法改正の動きなどを反映させつつ最新情報を取り入れてアップデートし、跡形もないほどに全体的に見直しを行い大幅に加筆・増補・修正を加えたもので

（ちなみに、2018 年から 2019 年にかけて本書の内容の一部を 3 回に分けて「役立つ身近な雇用の法律問題」として大学の紀要に掲載しましたが、それはあくまでほんの一部であり、それについても本書に収録するにあたって加筆・修正を加えています）、分量はもとの 3 倍から 4 倍になっています。その意味で書き下ろしに近くなっているといってもよいでしょう。

　　最後に、本書は広島大学法学部の助成により広島大学社会科学研究叢書 1 として刊行されるものであり、刊行にあたりご尽力いただいた永山博之法学部長に大いに感謝いたします。また、刊行に至る本書の編集作業には成文堂編集部の小林等氏にお世話になりました。併せて感謝申し上げさせていただきます。

　　皆さんの幸せなワーキングライフを祈って。

　　　2022 年 5 月　東広島市のキャンパスにて

　　　　　　　　　　　　　　　　　　　　　　　三　井　正　信

目　　次

第4章　労働者の集団的利益代表システムと集団的労使関係のルール

第5章　ワークルールをめぐる紛争解決システム

第1章　雇用社会の法ルール

1　雇用社会とワーキングライフと労働法（ワークルール）

雇用社会のルールの重要性

みなさんの多くは将来、社会に出て就職して企業に雇用され、ワーキングライフを送ることになるか、あるいは現在、既にワーキングライフを送っておられることと思います（このような雇用をめぐる社会を雇用社会といいます）。この雇用社会に規律をもたせ長期間にわたってワーキングライフを送ることになるみなさんを支え保護するためのルールが労働法と呼ばれるルールです（ワークルールとも呼ばれます）。このような労働法ないしワークルールをわかりやすく解説してみなさんに知っていただくとともに、もしものときに皆さんのお役に立つようにと執筆されたのがこの「ワークルールの基礎」です。

　通常、社会においては多くの人が暮らし活動しているため、社会に一定の規律をもたせるべく、それらの人々が守るべきルール（行為規範）やもしもトラブルが起きたときにはその解決のよりどころとなるべきルール（紛争解決規範）が必要となります（たとえば、売買のルールや交通ルールや犯罪をめぐるルールなど）。とにかく、社会あるところにルールありで、この点は雇用社会においても同様ですが、雇用社会やワーキングライフには次に揚げるような特徴・特色がみられるため、みんなが安心して働くことができるためのそれにふさわしい特有のルール（雇用社会のセーフティーネット＝安全網といってもよいでしょう）が必要となり、非常に重要となっています。みなさんは「なぜ労働法か」ということをきっちりと押さえ考えておくことが肝要なのです。

　①　現在においては、国民の大多数が雇用社会でワーキングライフを送っているかあるいはその家族であるといえ、雇用は人生や生活における重要問題となっています。アルバイトをしている人であってもれっきとした雇用社

会の一員です。

　②　みなさんのワーキングライフは（転職しようと1社に勤め続けようと）通常数十年にもわたる長期のものであって（アルバイトであっても通常は一定期間継続することが予定されており）、しかもそれによってみなさんと家族の生活の糧を得るという重要な意味を持っています。また、働くことは皆さんの生きがいやプライドや人格にかかわっており、あるいは職場の同僚とのコミュニケートや付き合いも重要であり、いわば職業が皆さんを形作っているともいえます。

　③　みなさんがそのもとでワーキングライフを送ることになる企業＝使用者は、通常、みなさんに比べて大きな社会的・経済的・組織的な力をもっています（この点で企業は社会的権力と呼ばれることがあります）。反面、みなさん自身は経済的に弱い立場にあり、また労働力は取っておくこと（貯蔵）ができず、したがって売り惜しみがきかず、加えて労使の間には情報と交渉力に格差があります。しかも、みなさんは人格を持った生身の体に鞭打って企業で労働力を提供することにもなるのです。したがって、放っておけば労働者が労働力の取引で企業に足元を見られたり、企業から劣悪で過酷な労働条件を押しつけられたり、あるいは労働の過程で生命・身体・健康・人格が損なわれたりといったことにもなりかねず、トラブルが起これば皆さんに大きな影響（生存権侵害）が生じるおそれがあります（これはわが国や欧米の過去の歴史が示す通りですし、企業の社会的権力にともなうリスク・弊害・危険であるともいうことができます）。このような状況の下で長期にわたって使用者の指揮命令に従いつつ労働者は労働することになるのです（これを労働の従属性とか使用従属性とかと呼びます）。したがって、みなさんの生存権を守りかつ労使対等性を実現・確保するためには、特に企業がルールを守ることが強く要請されるといえますし、そのルールは公正なものであることが求められます。この点において労働法の基本目的・理念は労働者の生存権の保護・擁護・確保などと言われます（たとえば、「労働条件は、労働者が人たるに値する生活を営むための必要を充たすべきものでなければならない」と宣言し労働基準法の理念と労働条件の原則を述べる労働基準法1条1項を参照してください）。この点で憲法25条の生存権が理念として労働法を支えているといえます（なお、あとでみ

るように労働法の基礎は憲法 27 条・28 条の規定であり、これらの規定は社会権と呼ばれるのですが、社会権の総則的規定が憲法 25 条であり、この 25 条が社会権の理念を提供しています）。ちなみに、近年においては労使の力関係を踏まえて、単に労働者の生存権保護だけではなく、労使対等という観点から形骸化しがちな労働者の契約の自由や自己決定・自立を実質化し実現すること（自己決定・自立の理念）もまた労働法の目的・理念に含まれるのではないかとの議論が行われています。

④　なお、労働法は労働者の観点からだけではなく企業の観点からも重要です。一般的に企業はヒト・モノ・カネから構成されています。そのヒトに関するルールが労働法であり、ベンチャー企業を立ち上げる場合などでも事業を立ち上げる人は使用者として人を雇うという側面で労働法に関する知識が必要不可欠となっています（企業経営を行う以上、知らないでは済まされません）。また、企業の人事部や労務部あるいは上司もこれを無視して人事・労務管理を行うことはできません。つまり、労働法はビジネスローの一環としても重要なのであり、企業のコンプライアンス（法令遵守）や CSR（企業の社会的責任）という見地においてもその遵守が厳に求められているといえます。企業が労働法を守らないと労働者や社会に大きな影響が出ますし、場合によっては大事件に発展しかねません。しかし、残念ながら、実際には、企業においては多くの法違反がみられることも事実であり、使用者側へのワークルールの普及・周知や遵守姿勢・意識の定着も急務になっているといえるでしょう。ワークルールの知識を企業に定着させることは、ブラック企業の跋扈やセクハラ・パワハラの横行、過労死や自殺過労死の頻発、長時間労働の横行、ルールなきリストラといった由々しき事態を改善し一掃することにもつながります。そこで、本書は、労働者や高校生・大学生のみならず企業の経営者や人事労務担当者にもわかりやすくワークルールの情報や考え方を提供することも目的としています。

社会経済の変化と労働法

　以上でみたように雇用社会とワーキングライフを支える労働法は非常に重要なルールといえます。しかし、現在、たとえば、グローバル化や ICT の発

展や AI 化など社会や経済が急速にかつ絶え間なく一定の規模で変動しつつあり、またコロナ禍の影響もあり、雇用やワーキングライフや働き方や雇用慣行も変化しつつあります。個人請負やクラウドワーク（ギグワーク）やフリーランスも増加してきています。それにつれて、雇用をめぐる新しい法的問題がたくさん生じてきており、これに対処すべく、法改正がなされたり、新しい法律が制定されたり、新たな判例が出されたりと労働法も大きく変わろうとしています。最近の例でいえば、2018 年には労働基準法、パート労働法、労働者派遣法などを一括して改正する働き方改革関連法が国会を通過し注目を浴びたりもしました。これはわが国に蔓延する長時間労働（その結果、過労死や過労自殺が頻発している事態）、そして非正規労働者の増加と正規・非正規間の大きな労働条件格差というわが国の雇用社会の近年の看過できない二大傾向を踏まえこれに対処しようとするものです（したがって、わが国初の時間外労働の罰則付き上限規制と有期・パート・派遣のいわゆる「同一労働同一賃金」が実現することになりました）。したがって、ここで説明しているルールもあくまでいま現在のものであって、なにも固定的な不変のものではありません。そこで、みなさんも変化を見抜きどのようなルールが新しい雇用社会にふさわしいのか、そしてどのようなルールがあればこの21世紀の雇用社会において安心してワーキングライフを送ることができるのかを考える力・センス・基礎を身につける必要があるといえます。つまり、応用力をつけるためには社会一般の変化に目配りするとともに労働法の基本的な考え方や基礎をしっかりと理解して自分のものとしておく必要があるのですが、ここで重要なことはいかに社会が変化しようとも労働者保護を目的とする労働法の基礎は不変であり、この点を見失わないということです。

2　労働法の基本的な内容

労働法の3つの領域

　実は、ワーキングライフのルール（ワークルール）として労働法という1つの法律（労働法典）があるのではなく、労働法は多くの法律や裁判所が作り上げたルール（判例法理）から成り立っています（要は、これらをまとめて労働法と

かワークルールとか言っているのです）。しかし、それらをバラバラにではなく
「労働法」というまとまった統一的な観点から捉え、したがって法律や判例を
総合的に体系化して関連づけてみることが重要となります。私人間に一般的
に適用され、また契約に関する一般法である民法もよく使われますが、それ
についてもあくまでワークルールとして労働法的に利用するという視点が必
要となります。

　そのような労働法ですが、それらはまたさらに大きくは次のような3つの
グループに分けることができます。要は、みなさんは、まずは労働法という
大きな枠組みを理解し、ついでそれを踏まえてそれぞれの法グループのなか
で法の原理や仕組みを見ていく必要があるのです。なお、労働法の基礎ない
し根拠は憲法の人権規定（憲法27条1項・2項、28条）であり、それに基づい
てそれぞれの人権規定に即した3つのグループにつき色々な法律が制定され
ていることに注意する必要があります（人権規定の具体化としての、あるいは
人権規定・人権的価値に裏打ちされたものとしての労働法の重要性）。

雇用保障法・労働市場法・雇用政策法

　まず、みなさんが就職・転職するのをサポートしたり、職業能力を向上さ
せたり、失業の防止を図ったり、（安心して職探しができるように）失業時の生
活保障を行ったりする法ルールのグループがあります。労働施策総合推進法
（働き方改革関連法によって「雇用対策法」が「労働施策の総合的な推進並びに労
働者の雇用の安定及び職業生活の充実等に関する法律」に名称変更されたもので
す）が雇用政策の基本方針等を定める基本法ですが、その他にもこの領域は
雇用保険法、職業能力開発促進法、職業安定法、労働者派遣法（正式名称は
「労働者派遣事業の適正な運営の確保及び派遣労働者の保護等に関する法律」）、高
年齢者雇用安定法（正式名称は「高年齢者等の雇用の安定等に関する法律」）、障
害者雇用促進法（正式名称は「障害者の雇用の促進等に関する法律」）などの法
律から構成されています。なお、就職・転職が行われる場やプロセスを労働
市場ないし外部労働市場と呼びますが、その意味で、近年ではこの法領域は
労働市場法と表現されることが多くなっています。しかし、単なる「市場」
の問題に限定されるのではなく、職の安定や雇用の保障、それらに対する

様々な法政策の展開といった点を捉えて、雇用保障法や雇用政策法という呼び名も有力となっています。

この法領域の基礎はみなさんの働く権利（労働権ないし勤労権と呼びます）を社会権の一環として規定する憲法27条1項であり、したがって、この法領域はみなさんの働く権利を具体化して権利実現ができるように（あるいはスムーズに権利行使ができるように）就職・転職のサポートや失業時の生活保障や雇用の維持をはかっています。コロナ禍の休業で問題となった雇用調整助成金も失業防止という観点から雇用保険法によって規定されています。ちなみに、この労働権については、近年、転職の増加や労働力の流動化を踏まえて、1社での雇用ではなく生涯にわたる労働者のキャリア展開を保障する（そしてそのための環境整備やサポートを国が行う）キャリア権として捉えるべきではないかとの主張も強くなっています。興味深い考えといえるでしょう。

この法領域は、本書では、第2章の冒頭で簡潔に触れるとともに、第2章、第3章の関連部分で言及しています。

個別的労働関係法・労働者保護法・雇用関係法

次に、みなさんがワーキングライフを送る間の権利・義務や労働条件や人事や退職や職場における人権に関して保護をはかる法ルールのグループがあります。労働基準法、労働安全衛生法、労働者災害補償保険法、最低賃金法、賃金の支払の確保等に関する法律、労働時間等設定改善法（正式名称は「労働時間等の設定の改善に関する特別措置法」）、男女雇用機会均等法（正式名称は「雇用の分野における男女の均等な機会及び待遇の確保等に関する法律」）、労働者派遣法、パート・有期労働法（正式名称は「短時間労働者及び有期労働者の雇用管理の改善等に関する法律」）、労働契約法など数多くの法律があります。

この法領域の基礎は労働条件法定の原則を規定する憲法27条2項です。要は、憲法は、労使の力関係の差異も考慮して公正な労働条件や適正なワーキングライフを確保するために労働者を保護するきちんとした法律を作りなさいと国に命じているのです。なお、長い間、この分野の基本法は労働条件の最低基準を定める労働基準法でしたが、2007年に労働契約の成立・展開・終了を規整する労働契約法が制定され、いまではこれがもう一つの基本法と位

置づけられています。労働契約法の内容は、第2章において関係する箇所で
その都度述べますが、ここではこの法律が、3条で重要な労働契約の基本原
則（合意原則、労働条件労使対等決定の原則、均衡処遇ないし均衡の理念、ワー
ク・ライフ・バランスの理念、権利濫用の禁止、信義則）を示していることに触
れておきます。

　ちなみに、この分野はたくさん法律があるもののいまだそれらによっては
カバーされていない領域が広くみられ、したがって判例法理（裁判所が形成し
たルール）が重要な役割を果たしています（そこで本書では重要な判例はできる
だけ引用し解説・言及するようにしています）。つまり、みなさんは六法だけで
はなく判例集などにも目配せすることが求められ、条文理解だけではなく判
例理解も必要となるのです。なお、この領域の判例法理（特に労働契約法理と
呼ばれる労働契約の成立・展開・終了をめぐるルール）は日本的雇用慣行のうち
終身雇用制（長期雇用システム）と年功処遇制（年功賃金制ないし職能給制度の
年功的運用）を基礎としており、この点にも注意する必要があります。

　この法領域は、第2章と第3章で、労働契約の流れと労働条件の保護に分
けて詳しく解説しています。

集団的労働関係法・労働団体法・労使関係法

　そして、労働組合の結成・運営・活動、団体交渉あるいは争議行為を行う
ことなどをサポートする集団的労働関係に関する法ルールのグループがあり
ます。労働者は1人1人ではなかなか大きな力を持った企業と対等の立場に
立つことが困難なので、また労働基準法はあくまで全国一律の最低基準を規
定するにすぎないので、みなさんが団結して労働組合を結成し企業と対等の
立場に立って交渉（団体交渉）を行い、場合によっては要求を貫徹・実現する
ためにストライキなどの争議行為を行うなどして（企業や産業において）公正
妥当な労働条件を決定することが可能となるように、労働組合を中心とした
法規制が設けられているのです。要は、労働組合による労働者の生存権の実
現・擁護と労使対等決定の実現が焦点となるのです。また、企業という社会
的権力からみなさんを擁護するということも労働組合の重要な役割といって
よいと思われます。代表的な法律としては労働組合法、労働関係調整法、ス

ト規制法（正式名称は「電気事業及び石炭鉱業における争議行為の方法の規制に関する法律」）などがありますが、この分野はあくまで労使が自分たちで自分たちの関係を律し築いていくための労使自治の基礎ないし基本枠組み（いわば労使が向かい合う土俵ないしリングといってよいでしょう）を設定することを基本としているため法規制（制定法）が少なく、したがって実際には判例法理が重要となっています（そして、判例法理はわが国の主たる組合組織形態が企業別組合であるということを念頭に置いている場合が多いことに注意する必要があります）。

　この法領域の基礎は団結権、団体交渉権、団体行動権ないし争議権（以上は労働三権ないし労働基本権と呼ばれることがあります）を規定した憲法28条です。みなさんは、組合を作ったり（あるいは労働組合に加入したり）、団体交渉をしたり、ストライキなどの争議行為をしたりということが基本的人権として保障されているということをきちんと押さえ理解しておくことが重要といえます。

　この法領域は、第4章で詳しく説明しています。

3　雇用社会の登場人物たち

雇用社会の主たる登場人物

　雇用社会には色々な登場人物が入れ替わり立ち替わり現れパフォーマンスを繰り広げますが、そのうちで特に主要かつ重要と思われる登場人物である労働者、使用者、労働組合、過半数代表・労使委員会について以下で見ておくことにしましょう。なお、労働法に関する法律を作り行政監督など様々なサポートを行う国も重要な裏方であることを忘れてはなりません。

労働者

　労働法の適用対象はいうまでもなく労働者です。労働といっても独立労働（自営業やお百姓さんなど）には労働法は適用されず、したがって労働者とは呼ばれませんが、みなさんも企業などに雇われて（雇用されて）ワーキングライフを送り給料（賃金）をもらうようになれば個別的労働関係法上は労働者と

いうことになります。普通は「労働者」といえば工場労働等を行う人（現業
労働者、現場労働者ないし肉体労働者）をイメージしがちですが、法律上は事
務職なども含めどんな職業であっても企業等と雇用関係を結び（労働契約を結
び）使用されて（＝指揮命令を受けて）賃金を支払われて労働していれば労働
者と呼ばれて保護を受けます（労働基準法9条、労働契約法2条1項）。「使用
されて」（指揮命令を受けて）という点が重要な鍵であり、これを使用従属性
と呼びます（人的従属性とか単に従属性と呼ばれることもあり、したがって労働
法の対象は独立労働ではなく従属労働ということになります）。要は、使用者の指
揮命令下に置かれたことによるリスク（これは社会的権力の下に置かれたリス
クといってよいと思われます）からわれわれを保護するのが労働法ということ
になるのです。正社員と非正社員の区別もありません。雇用期間の有無や労
働時間の長短も関係ありません。また、学生であってもアルバイトをしてい
ればれっきとした労働者であり法律の保護を受けることができます。パー
ト、日雇なども同様です。個別的労働関係の法的ルールについてはどの法律
についても同じ様に考えてよいでしょう。なお、労働者かどうかの判断は労
働者の生存権を保護するという実質的観点からなされますので、契約が雇用
契約ではなく請負契約や委任契約とされている場合であっても、実質的にみ
て使用従属性が存すれば労務提供者は労働者と認められることになる点に注
意する必要があります（たとえば、一見事業者として自分のダンプカーなどを持
ちつつ他の企業の下で働いている傭車運転手はケース・バイ・ケースで労働者で
あると判断されたり、労働者ではないと判断されたりしています）。近年では、
Uber Eats などのクラウドワーカー（ギグワーカー）が労働者かどうかが問題
となっています。

　これに対し、集団的労働関係法のルールではもう少し広く、これから働こ
うとする人や失業者・求職者・退職者・被解雇者なども労働者に含まれます
（労働組合法3条）。したがって、たとえば、会社を退職したけれども会社が退
職金を払ってくれないとか、会社が違法にクビ切りをしたとして解雇撤回な
どを争う場合には、組合員となって労働組合を通じて団体交渉等でトラブル
を解決することもできるわけです。退職・解雇後の駆け込み訴えも可能です
（日本鋼管鶴見製作所事件・最一小判昭61・7・15労判484号21頁）。なお、この

団体交渉等でトラブルを解決するという観点から、個別的労働関係法では労働者とされない場合（1人で活動を行う事業主やフリーランスなどの場合）であっても、実質的にみれば他者の企業（事業）組織に組み入れられており、契約内容も一方的に決定されていれば、組合を作ったり組合に加入したりして団体交渉だけはさせてあげた方がよいとして、労働組合法では労働者とされる場合がありますので注意する必要があります（オペラ歌手の労働者性を認めた国・中労委（新国立劇場運営財団）事件・最三小判平23・4・12労判1026号6頁、下請のカスタムエンジニアの労働者性を認めた国・中労委（INAXメンテナンス）事件・最三小判平23・4・12労判1026号27頁、個人代行店の労働者性を認めた国・中労委（ビクターサービスエンジニアリング）事件・最三小判平24・2・21労判1043号5頁）。なお、労働組合法上の労働者概念は特殊であるとともに重要ですので、もう一度、第4章で詳しく論じることにします。

使用者

　普通、使用者とはみなさんが働くという契約（労働契約）を結んだ相手側（会社＝事業主）、つまり雇主が使用者ということになります（労働契約法2条2項）。しかし、労働基準法では、上司や上役などの責任をはっきりさせるため（特に、労働基準法違反には刑罰が科せられることになっているので）、会社の社長・役員や部長・課長など事業主のために行為をする者（事業主のために行為するすべての者）も使用者とされています（労働基準法10条）。したがって、労働基準法違反の場合には会社のみならず社長・役員をはじめ部長や課長も刑罰を食らう可能性があるのです。ちなみに、部長・課長などの場合は、確かに部下に対しては使用者となりますが、雇主との関係では依然として労働者と位置づけられますので注意する必要があります（したがって、使用者として責任を負う反面、労働者という点で保護を受けます）。また、契約の相手方としての使用者に関していえば、例外的ですが親会社や社外労働者の受け入れ先（下請と業務委託契約を結んでいる発注元企業など）が一定の要件を充たせば使用者とされるケースもあります（前者の代表例として、川岸工業事件・仙台地判昭45・3・26労民21巻2号330頁、後者の代表例として、安田病院事件・最三小判平10・2・18労判744号63頁）。ちなみに、前者は子会社の法人格が形骸

化している場合か親会社が子会社を支配しており違法・不当な目的で法人格を濫用する場合に問題となる法人格否認の法理、後者は黙示で指揮命令下での労務提供と賃金支払という労働契約の要素が合意されたと解される場合に問題となる黙示の労働契約の成立の法理というテクニックを使います。

　また、労働組合と向かい合う使用者も労働者の契約の相手方が原則となりますが、親会社などと話し合った方がスムーズに問題解決がはかられるため、親会社や社外労働者の受け入れ企業・派遣先、あるいは役員を派遣し経営をコントロールしているメインバンクなども雇主と同様に現実的かつ具体的に労働条件を支配・決定することができる立場にある場合にはその限りで使用者となると解されています（朝日放送事件・最三小判平7・2・28労判668号11頁）。つまり、労働組合との団体交渉（話合い）による問題解決可能性があれば直接の雇主でなくとも使用者と認められる場合があるのです。ただし、労働組合法には使用者の定義を定めた規定がありませんので、労働基準法のように部長・課長などの上役や上司は使用者とはされないというのが判例（裁判所）の考え方です（済生会中央病院事件・最三小判昭60・7・19民集39巻5号1266頁）。ちなみに、企業が集まって使用者団体を形成して労働組合と団体交渉をしたり、労働協約を締結したりすることも可能です。ただし、このような使用者団体は団体交渉を行うことを目的とするとともに加入する企業に対して統制力を有することが必要です。

　なお、使用者に関し、最後にひとこと触れておけば、通常、多くの法律は使用者という言葉を使っていますが、法律のなかには事業主（たとえば、男女雇用機会均等法、高年齢者雇用安定法など）や事業者（労働安全衛生法）という言葉を使っているものもありますので、注意してください。

労働組合

　労働組合とは労働者が主体となって自主的に労働条件の維持改善その他経済的地位の向上を主たる目的として組織する団体（あるいは連合団体）のことをいいます（労働組合法2条）。労働者は1人1人ではなかなか使用者＝企業と対等の立場に立って労働条件等を話し合うことはできませんので、仲間と連帯し労働組合（団体）を作って集団で使用者と対等の立場（1人よりも強い

立場)に立って労働条件をよくすることなど経済的地位の向上を目指します。労働組合を作ったり、団体交渉をしたり場合によってはストライキをしたりすることは憲法で労働者の人権（労働基本権）として保障されており（憲法28条）、また労働組合は労働組合法によって特別の保護を受けるとともに、一定の要件（事業場の過半数を組織していること＝過半数組合であること）を充たせば労働基準法などにおいても職場の代表（過半数代表）として多くの重要な任務を行うことが認められています。

　なお、労働組合については自由設立主義がとられています。つまり、人数は2人以上であれば自由ですし、どのような範囲の労働者で組織するかも自由ですし、行政への届出・許可・認可なども不要です。たとえば、社長のセクハラにたまりかねて女子社員2人が立ち上がって組合を作るということも可能なのです。また、労働組合が2つ以上集まって労働組合を作ることもできます。これを連合団体といいます。ちなみに、産業別組合が主流のヨーロッパとは異なり、わが国では、企業ごとに組合を組織し従業員の範囲と組合員の範囲が一致する企業別組合が主流です。このような企業別組合という特徴は終身雇用制、年功処遇制（年功賃金制）と合わせて三種の神器とも呼ばれ日本的雇用慣行の基礎を形作っており、大企業を中心に観察することができます。企業別組合は企業の状況に合わせて労働条件の決定や雇用の確保などきめ細かな対応を行うことが可能となる点に特色がみられます。しかし、最近では、企業の従業員の組合だけではなく、地域でパートや女性や管理職を組合員とする労働組合なども現れています。アルバイトの学生が労働組合を作るということもあります。そのなかでも、特に、地域で企業の枠を超えて主として中小企業の労働者を広く組織する合同労組（コミュニティ・ユニオン）が重要となっています。ただ、2021年の推定組織率（労働者のなかで労働組合に加入している人の割合）は16.9パーセントであって2割を切っており、今後、組織率の向上をいかにはかっていくかが大きな課題となっています。

過半数代表・労使委員会

　使用者の意見聴取に応えたり、労働基準法の基準を緩めたり（たとえば、時間外労働）、委員を推薦したり、一定の制度の実施を可能としたり（たとえば、

裁量労働制、高度プロフェッショナル制度）などをするために、労働者の代表
（全従業員の代表）が法律の規定によって事業場レベルで選出されることがあ
ります。過半数代表と労使委員会です。具体的には、問題となる都度にその
箇所で触れますが、過半数代表は「当該事業場に、労働者の過半数で組織す
る労働組合がある場合においてはその労働組合、労働者の過半数で組織する
労働組合がない場合においては労働者の過半数を代表する者」（過半数組合と
過半数代表者：以下、本稿では過半数代表と表記します）、労使委員会は「賃金、
労働時間その他の当該事業場における労働条件に関する事項を調査審議し、
事業主に対し当該事項について意見を述べることを目的とする委員会」と法
律によって規定されています。

　過半数代表は法律の規定に基づきその規定された任務を担うその都度問題
となるアドホックなものです（ちなみに、過半数組合が過半数代表となる場合も
法律によって任務が課せられている関係で組合員だけではなく事業場の全労働者
の代表となると位置づけられています）が、労使委員会は労使同数の委員から
なる委員会であり、労働者代表委員は過半数代表によって任期を定めて指名
されます。したがって、労使委員会は一定の常設性を有しているといえます。
なお、近年の労働組合組織率の低下にともない、労働者の集団的利益代表シ
ステムとしてより本格的な常設の従業員代表制度を新たに法律によって設け
るべきではないかとの議論も最近見受けられます（ちなみに、ドイツやフラン
スなどでは法律によって従業員代表制度が設けられています）。

第2章　ワーキングライフの展開をめぐる法ルール

1　労働市場の法ルール

労働市場と法——法による就職・転職のお手伝い

　みなさんが就職したり、転職したり、失業して職探しをしたりする場合、これをサポートしたり失業時の生活を支えたりする必要があります。たとえば、職業を紹介したり、職業訓練を行ったり、雇用情報を提供したり、失業手当を支給したりすることが不可欠といえます。国は職業安定法という法律においてハローワーク（公共職業安定所）を作って職業紹介に関するサービスを提供したり、職業能力開発促進法により雇用を維持したり転職を可能とするためにみなさんの職業能力を磨きブラッシュアップしたり、雇用保険法により失業の防止や失業時の生活保障をしたりしています。特に、近年のコロナ禍においては使用者が休業した場合に従業員に支払った給料や休業手当の一部を助成する雇用調整助成金が注目を浴びましたが、これも雇用保険法が規定しています。

　1999年に職業安定法が改正され、それまで国が独占していた職業紹介事業を民間の人材ビジネスが行うことが認められるようになりました（許可制）。ですから、就職したり転職したい場合には、みなさんは民間の人材ビジネスと国のハローワークの両方を利用できるようになっています。要は、職業紹介に関しては官民協働・競合となっているのです。職業安定法はこのような職業紹介の基本ルールや基本原則（職業選択の自由、差別的取扱いの禁止、労働条件等の明示、個人情報の保護、求人・求職受理の原則、適職紹介の原則など）を定めています。なお、労働市場をめぐる基本方針は労働施策総合推進法によって示されることになります。

2　多様な働き方と労働法

雇用形態の多様化と法ルール

　かつては、学校を卒業して定年まで正社員として会社に勤め、毎年毎年給料もアップしてゆくというのが働く人の基本的なワーキングライフのスタイルでした（これが終身雇用制と年功処遇制を軸とする日本的雇用慣行ですが、さらに企業別組合を加えた3つが三種の神器と呼ばれています）。しかし、最近、こういった働き方のスタイルが大きく変化してきており、転職の増加（自分で転職を希望する場合もありますし、リストラで他の職を見つけなければならない場合もあります）や業績次第で給料の額が大きくアップ・ダウンする年俸制（成果主義賃金）の導入などが雇用社会で広く見られるようになってきました。

　このような変化につれて、正社員ではない働き方（パート、アルバイト、期間付きの契約で働く有期社員、派遣労働者などの非正社員や外国人労働者）も増加してきています（現在、非正規労働者の割合は全労働者の約4割となっています）。これらの人たちも労働者の定義に当てはまりますので正社員と同じように労働法が適用されることはいうまでもありませんが、一定の必要性を踏まえてこれらの人たちに対する特別の法律がある場合があります。雇用平等や同一労働同一賃金に関しては後に改めて第3章で詳しく見ますので、ここではどのような法律があるのかという観点からざっと法律の概要に触れておくことにしましょう。

　①　パート労働者にはこれまで短時間労働者の雇用管理の改善等に関する法律（パート労働法）がパートに対する不合理な労働条件の禁止（8条）や正社員と同視すべきパート（通常の労働者と同視すべき短時間労働者）に対する均等待遇＝差別禁止（9条）などをはじめとしてさまざまなパートタイム施策や行政指導の基礎を定めていましたが、2018年の働き方改革関連法によりパート労働法は有期労働者にも対象を広げてパート・有期労働法に改正されました（2020年4月1日施行）。

　②　派遣労働者には、派遣会社（派遣元＝使用者）から派遣された別の会社（派遣先）で働くという特殊事情を考慮して労働者派遣法が派遣事業の許可制

や労働基準法の適用関係をはじめとした特別の規定を置いています。なお、派遣労働者の派遣先労働者との均衡処遇についてはこれまで努力義務にすぎませんでしたが、働き方改革関連法によって労働者派遣法が改正され（30条の3・30条の4）パート・有期労働法8条・9条と同様の規制がなされることになりました（ただし、派遣元＝派遣会社は一定額以上の賃金を支払うことを条件に過半数代表との労使協定によりこの規制の適用を除外することができます）。

　③　有期契約については、労働基準法14条が、期間を定める場合には原則3年、専門知識等を有する労働者や60歳以上の労働者については5年を超えてはいけないとの定めを置いています。なぜかというと労働契約で期間を定めるとその間はやむを得ない事由がない限り労働者は辞めることができず（これがあくまで原則です）、あまりにも長い期間を認めると労働者の人身が拘束されることになるからです。ただ、（専門知識等を有する労働者や60歳以上の労働者の場合を除いて）1年を超える期間（たとえば、3年）を定めても労働者は1年たてば退職できることになっています（労働基準法137条）。したがって、結局、1年を超える期間に拘束されるのは使用者ということになります。また、労働契約法が17条から20条において有期労働者の雇用の終了をめぐる諸問題や不合理な労働条件の禁止を定めました。ちなみに、働き方改革関連法によりパート労働法に有期労働者も含められることになり、パート・有期労働法になりました（なお、労働契約法20条は労働契約法から削除されパート・有期労働法8条に統合されました）。

　④　外国人労働者は、出入国管理法（正式名称は「出入国管理及び難民認定法」）が、これまで専門的労働者の場合を除いて外国人が日本で労働することを原則として許可してきていませんが、2018年の改正により「特定技能」という在留資格が設けられて就労枠が緩和され広げられることになりました。ちなみに、外国人労働者に対しては労働基準法3条が均等待遇を求めています（国籍を理由とする労働条件差別の禁止）。

　なお、現在、正社員と非正社員との間にみられる給料などの労働条件の大きな格差をいかに解消して公正な労働条件を実現するかが問題となっています。かつてこれが裁判で争われ公序良俗違反が問題となった事例もありましたが、その後、進展がみられ、法律で一定の規定が設けられて手当てがなさ

れるようになりました（労働契約法 20 条、パート労働法 8 条・9 条、労働者派遣法 30 条の 3、労働契約法 3 条 2 項）。そして、現在では働き方改革により同一労働同一賃金という形でホットな問題となっています（パート・有期労働法 8条・9 条、労働者派遣法 30 条の 3・30 条の 4）。

　とにかく、正社員の場合であろうと非正社員の場合であろうと転職（企業の移動）が増加しているので、公正処遇（これはのちに第 3 章で見るように均衡処遇といってよいと思われます）に加えて労働市場の法ルールが現在、非常に重要になってきています。

3　募集・採用内定・試用——雇用社会への入り口

労働契約の締結

　雇用関係ないし個別的労働関係の基礎は労働契約（雇用契約ともいいます）です。「契約なければ労働なし」というのが近代法の基本原則となっています。雇用社会への入り口が労働契約なのです。いうまでもなく正社員だけではなくパートや有期やアルバイトの場合も同様です。労働契約の成立には労使が①労働の提供と②賃金の支払を合意する必要があります（労働契約法 6条、民法 623 条）。労働契約は雇用関係と労使の権利義務の根拠となる重要な契約ですが、労働契約の締結は、通常、企業による募集、労働者の応募、企業による採用というプロセスをたどります。

　なお、労働契約の締結は法的には労働の提供と賃金の交換を約することですが、正社員についてわが国の実態を見れば実質的にはコミュニティをなす企業の従業員の地位を獲得することを約することになっているとの指摘もみられます（これについては欧米のビジネスライクな一定の職に関する労働と賃金の交換を基礎とするジョブ型に対しわが国の労働契約はそれにより共同体たる企業のメンバーになるというメンバーシップ型となっていると説く論者もいます）。つまり、正社員に採用されると（企業に入社すると）、定年まで、終身雇用により雇用の安定がはかられ、年功賃金により給料も増えていくが、使用者の広範な人事権や業務命令権により特に職種や職務内容や勤務地を特定することなく社内で OJT も含めた教育訓練を受けながら異動を繰り返し（企業の内部

労働市場)、また労働条件も柔軟に変更されつつ従業員の地位(企業のメンバーシップ)を継続することになるといった傾向がこれまでは強くみられたのです(そういうことで正社員の働き方はいわば無限定になっていると言ってもよかったと考えられます)。だから、特に学卒定期採用の場合には企業は自己のメンバーとして認めるかどうかという観点から学生に対する採用手続・選考を厳格に行うのが通例となっているのです。このことは大学生の就活が大変であることからもわかりますよね。しかし、いくら労働契約が地位獲得契約やメンバーシップ型契約の様相を呈していようと、やはりその基礎は労働者が働くということと使用者が賃金を支払うということのギブ・アンド・テイクにあるという本質を見落としてはいけません。

募集・採用

　近年、就活(就職活動)は大きく社会問題となっており、学生さんには人生を決める(そして、先にも触れたように企業からすれば自己のメンバーを決める)重要問題となっています。これは企業からみれば募集、採用の問題であり、新卒の採用をめぐっては採用内々定と採用内定という2段階の手続を踏むのが通常となっています。転職(中途採用)の場合も募集や採用内定が問題となります。

　企業は必要に応じて労働者を募集します。募集には口コミ、インターネット、就職情報誌などによる募集、縁故募集など色々な方法がありますが、労働者がこれに応募し、入社試験に合格すれば採用内定がなされます。ちなみに、企業は(憲法22条1項・29条に由来する企業の経済活動の自由の一環として)採用の自由を有しており(三菱樹脂事件・最大判昭48・12・12民集27巻11号1536頁)、それには募集方法の自由、募集人数の自由、採用方法(選考方法)の自由、選択の自由、労働契約締結の自由などが含まれていると解されています。このように企業に採用の自由があるところから学生さんが就活で苦労し、なかなか内定がもらえないなどと嘆くことにもなります。なお、最高裁はこの三菱樹脂事件で思想・信条による採用拒否を採用の自由の観点から適法であると判断しましたが、現在では、職業安定法5条の4、およびそれ受けた指針(平成11年労働省告示第141号)は、企業は思想および信条に関する

個人情報を収集してはならないとしていますので、最高裁の立場は実際には否定されているといってよいでしょう。

採用内定

　大学生などが就活をして就職先が決まるのは卒業のずいぶん前のことです。企業は優秀な学生を求めてはやくから採用活動を始め、早目に学生を押さえにかかるのです（かつては青田買いとも呼ばれたこともあります）。このように早目に就職先が決まることを採用内定といい、かつては（特に昭和の高度経済成長期には）かなり前倒しとなっていたのですが、現在では、入社日の約6か月前である大学4年の10月1日に内定式が行われて採用内定がなされることが通例となっています。働くことの基礎となり雇用関係（労働関係ともいいます）を生じさせる労働契約は既に述べたように労使の合意によって成立します（労働契約法6条、民法623条）が、通常は（原則として）この採用内定でもって労働契約（雇用契約）が締結された（労働契約が成立した、したがって応募者は労働者の地位を獲得したことになる）と考えられています。つまり、使用者の募集を労働契約の申込みの誘引（お誘い）、学生さんの応募・受験を申込み、使用者の内定通知を承諾と考えるのです（ちなみに、新卒のみならず中途採用の場合も同様です）。

　したがって、内定の取消はひとたび成立した労働契約の解約、つまり解雇＝クビ切りにあたることになります。解雇は、労働者に重大な影響を与えますので、後に述べるように、客観的に合理的で社会的に相当な理由がなければ（つまり、よほどのことがない限り）使用者が解雇権を濫用したものとして無効となる（したがってクビがつながっていることになる）ため（労働契約法16条）、使用者は勝手にあるいはそう簡単に内定取消をすることはできません。ちなみに、この点につき、最高裁は、「採用内定の取消事由は、採用内定当時知ることができず、また知ることが期待できないような事実であって、これを理由として採用内定を取消すことが解約権留保の趣旨、目的に照らして客観的に合理的と認められ社会通念上相当として是認することができるものに限られる」と判示しています（大日本印刷事件・最二小判昭54・4・25民集29巻4号456頁）。コロナ禍で内定取消が増加し社会問題となりましたが、多く

の場合には後にみる整理解雇の要件（特に、労働者との協議・説明）を満たしておらず、違法となるケースであったと考えられます。

　なお、新たに学校を卒業する人は内定から入社までかなりの日数があります（大卒の場合だと通常4年生の10月から翌年の卒業後の4月までの6か月）ので、始期付（働き始める日がずっと先に付いているということ）で契約が成立したのであり、まだ内定期間中は学生であり実際には働いてはいませんから実際に働いている労働者（従業員）とは異なる解雇理由（＝内定取消事由）となっています（このことを判例は留保解約権と呼んでいます）。始期には（働き始めるのはまだ先だけれども）既に契約の効力は発生している（したがって、使用者が内定者に一定の指揮命令等ができる）就労始期と入社日まで効力が生じない（したがって、内定期間中は使用者は指揮命令等ができない）効力始期の2種類があり、そのどちらかは契約当事者がどう定めたかによります。以上が裁判所の基本的考えとなっています（前掲・大日本印刷事件・最判は、採用内定を始期付解約権留保付労働契約の成立と認めました）。

　内定取消事由は、通常はみなさんが内定時に会社に提出する誓約書に書かれています。内定取消事由の代表的なものは、長期の入院を必要とする病気にかかったこと、犯罪で起訴されて裁判になり入社日以降通常通りに勤務できないこと、経歴書・身上書に嘘の記載をしたこと（経歴詐称）、労働能力や学業成績の低下、卒業延期（不能）、経営危機などとなっています。ただ、誓約書に書いてありさえすれば何でも留保解約権になるのではなく、合理的なものに限定されます。なお、新卒の場合だけではなく中途採用の場合も同様に始期付解約権留保付の労働契約の成立と考えられています。

採用内々定

　なお、既に若干触れたように、最近では、たとえば、大学新卒の場合は、4年生の10月1日が内定式であってこの日に正式に内定がなされ、それ以前に（たとえば5月や6月に）「会社が決まった！」と学生さんが喜ぶのは採用内々定と呼ばれて一般的に採用内定と区別されています。就職戦線がかなり早まってきているのに正式内定が遅く出されるという時間のズレが見られるのです（むしろ、企業がズレを設けているといってもいいかもしれません）。

　ではそもそも採用内々定とは何であって、したがって（違法ないし不当に）採用内々定が取り消された場合には学生さんはどのように救済されると考えればよいのでしょうか。難しい問題ですが、採用内々定は、ケースに応じて（ケース・バイ・ケースで）その性質が決定され、具体的には、①労働契約（雇用契約）の締結（成立）が認められる場合、②内定式の日に労働契約（雇用契約）を締結するとの予約が認められる場合、③内定式の日に労働契約（雇用契約）を締結することへ向けての話し合い（労働契約締結過程）に入ったにすぎない場合、④単なる事実上の囲い込み（事実上の活動の域）にすぎないと解される場合などと判断されます。当事者がどのような意思であったかが追求されるのです。

　採用内々定取消は、①の場合だと先に述べた採用内定と同様の保護が学生さんに与えられます（ただし、通常はあくまで原則として採用内定が労働契約の成立と考えられていますので、この場合は、企業と学生さんの双方の入社意思が相当に固く確実であるといった極めて例外的ケースに限られると解されます）が、②、③の場合には正当な理由のない取消については損害賠償の請求しかできないことになりますので、注意することが必要です。

　なお、裁判所は採用内々定を④の場合と解し、損害賠償に関しては内定直前の取消（要は、いわゆるドタキャン）でないと信義則違反として不法行為による損害賠償請求を認めない（このような考え方を契約締結上の過失といいます）など厳しい態度を示しています（コーセーアールイー（第1）事件・福岡高判平23・2・16労経速2101号32頁、コーセーアールイー（第2）事件・福岡高判平23・3・11労判1020号82頁）。したがって、採用内々定中の学生さんの地位は極めて不安定でリスキーということになります（たとえ採用内々定取消が違法とされても多くの場合救済はせいぜい損害賠償にとどまりますので、正式の内定をもらうまではほっとできません）。しかし、このような結論は、たくさんのエントリーシートを送り面接や試験を繰り返して（苦労の末に）ようやく採用内々定を得た学生さんにとっては酷であるといえるでしょう。

労働契約の締結をめぐる法規制

　労働基準法は労働条件を明確にするとともにみなさんが不当な人身拘束な

どを受けないように労働契約の締結にあたって適用される次のような規定を定めています。

①　使用者は労働契約締結時（通常は採用内定時ということになります）に労働条件を明示しなければなりません（労働基準法 15 条）。特に、労働契約の期間、更新基準、就業場所、従事すべき業務、労働時間、賃金、退職・解雇といった重要な労働条件は書面によるものとされています（労働基準法施行規則 5 条 2 項、3 項）。明示された労働条件は労働契約の内容になります。また、加えて、労働契約法は、使用者は労働条件および労働契約の内容について労働者の理解を深めるようにするものとすること、そして労働契約の内容はできる限り書面により確認することを求めています（労働契約法 4 条）。なお、労働契約法 4 条は労働契約締結時だけではなく労働契約の全過程（雇われてから退職まで）を対象にしています。労使の力関係からすれば労働条件があいまいになりがちですが、そのような事態を回避して権利義務を明確化したうえで労働者が納得して理解し、あとで紛争やトラブルが起こらないようにすることが重要であるといえます。

②　使用者は労働契約の不履行について違約金を定め、あるいは損害賠償を予定する契約をしてはいけません（労働基準法 16 条）。これは労働者の人身の自由・退職の自由を保護しようとする規定です。たとえば、具体的には、1 年以内に辞めたら一定額を支払えとか 3 年以内に辞めたら教育訓練費を返せといった約定（取り決め）は違法・無効です。かつて、医療関係で広くみられ一定社会問題ともなった看護師さんのいわゆる「お礼奉公」はまさに労働基準法 16 条違反となる事例でした。最近では、一定年数勤務しなければ会社が支出した国内外の留学費用を返還しろという約定が本条に違反するかが争われる例が増えています。これについては、労働者本人が負担すべき教育訓練費を企業が貸し付けたもので（これを金銭消費貸借といいます）、返還方法も明確に定められており、ただ一定期間勤務した場合には返還を免除するというものであれば本条に違反しませんが、使用者が負担すべき教育訓練費を労働者に貸し付けた形にして一定期間の勤務を条件とし、返還方法も明確でないものは本条に違反すると考えられています（適法とされた例として、長谷工コーポレーション事件・東京地判平 9・5・26 労判 717 号 14 頁、野村證券事件・東

京地判平14・4・16労判827号40頁、違法とされた例として、富士重工事件・東京地判平10・3・17労判734号15頁、新日本証券事件・東京地判平10・9・25労判746号7頁などがあります）。ただし実際の判断は難しい場合が多いのも事実です。

　③　使用者は労働することを条件に労働者に対して貸した前借金などを給料から天引き（相殺）してはいけません（労働基準法17条）。これも借金のためにそれを返すまで労働者がいやな会社に足止めされるのを防ぐという観点から労働者の人身の自由・退職の自由を保護するための規定です（ちなみに、禁止されるのはあくまで相殺であって、前借金自体は禁止されませんが、場合によっては前借金がたとえば人身売買まがいであるなど「ひどすぎる」ということで公序良俗と判断されることはありうるでしょう）。なお、社員に対する会社の住宅ローン制度、そして給料からのローンの返済については、人身拘束が目的でなく退職の自由が確保されており、返済方法も合理的であるならば、労働基準法17条には違反しないと考えられています。

　④　使用者は労働者に強制的に社内預金をさせたり預金通帳を預かったりする契約を結んではいけません（労働基準法18条）。労働者の人身の自由・退職の自由を確保する（辞めたら貯金が返ってこないのでいやでも辞めることができないという事態を防ぐ）とともに労働者の財産を保護する（会社が潰れて社会預金が返ってこないという事態を防ぐ）ための規定です。ただし、任意の社内預金は事業場の過半数代表との労使協定の締結や一定の利子をつけることなどの条件を充たせば可能となっています（使用者には銀行と預金の保証契約を締結しておくことも求められます）。

試用——入社してもまずはお試しで

　労働契約を締結し、無事入社したとしてもまだまだ油断はできません。多くの企業では試用が行われており、だいたい3か月から6か月程度の試用期間が設けられているのが一般的です。その試用期間が終わって試用が解けようやく本採用となるのです。本採用でほっと一息といったところですね。これまでわが国の多くの企業は終身雇用制をとってきており、試用期間は最終的に終身雇用に組み入れるかどうかを企業が判断するための労働者の従業員

としての適性や職業能力の実験観察期間であり、その点に試用の合理性が認められていました。したがって、実験観察の結果、適性や職業能力がないと判断されると本採用拒否になります（ちなみに、これは試用期間途中のこともありますし、試用期間満了時のこともあります）。しかし、きちんとした理由がないと本採用拒否はできません。

　本採用拒否とは特別の理由による解雇のことです。つまり、試用期間の間は（試用に関しては）、普通の解雇理由に加えて、実験観察を行った上で適性や職業能力がなければ解雇するとの特別の解雇理由がくっついているのです（裁判所はこれについても留保解約権という言葉を用いています）。要は、試用期間中は使用者は通常よりも広い解雇権を有していることになります。しかし、既に若干触れたように、使用者は自由に本採用拒否をすることはできず、裁判所は、留保解約権の行使は、あくまで「解約権留保の趣旨、目的に照らして、客観的に合理的な理由が存し社会通念上相当として是認されうる場合にのみ許されるものと解するのが相当である」と述べています（三菱樹脂事件・最大判昭48・12・12民集27巻11号1536頁）。つまり、本当に従業員としての適性・能力がなくこのまま従業員として企業にとどめておくことが困難かどうかがチェックされるのです。したがって、本採用拒否が許されない場合は、クビがつながっていることになり、そのまま従業員としての地位を保持することができます。ただ、最近は、無期契約のなかで試用期間を設けるのではなく、まずは有期契約を締結して試用を行うという企業も出てきています。この場合には、本採用は新たな無期労働契約の締結ということになり、違法・不当に本採用拒否されても労働契約の締結自体を強制することはできません（使用者の採用の自由のなかに労働契約締結の自由が含まれていたことを思い出してください）ので、注意する必要があります。ただ、「使用者が労働者を新規に採用するに当たり、その雇用契約に期間を設けた場合において、その設けた趣旨・目的が労働者の適性を評価・判断するためのものであるときは、右期間の満了により右雇用契約が当然に終了する旨の明確な合意が当事者間に成立しているなどの特段の事情が認められる場合を除き、右期間は契約の存続期間ではなく、試用期間であると解するのが相当である。」というのが裁判所の立場です（神戸弘陵学園事件・最三小判平2・6・5民集44巻4号668

頁）。つまり、試用目的の場合、期間があっても当事者がはっきりと有期契約ですよと決めていないと、その期間はあくまで無期契約にくっついている試用期間ですよと解釈されるのです。

4　労使の労働契約上の権利義務

労使の多様な権利義務

　労働契約を締結するとそこから労使にそれぞれ権利義務が発生します。それらの権利義務には基本的なものと付随的なものがあり、以下ではそれらを義務を中心として見て行きましょう。なお、特に労働者の義務違反の場合には使用者による懲戒処分が予定されています（それ以外にも、損害賠償や契約の解約＝解雇の問題が生じることがあります）。なお、付随的なもの（これを付随義務といいます）は信義則（労働契約法 3 条 4 項、民法 1 条 2 項）を根拠にして発生すると考えられています。

労働者の労働義務

　労働契約は使用者のもとで働くということを基本とする契約です。使用者は自分の必要や企業目的に応じて働いてくれる人を求めて契約するのです。したがって、労働者は労働契約上の基本義務（主たる義務）として使用者の指揮命令に従って働く義務（労働義務）を負い（労働契約法 6 条）、使用者は労働者に対して指揮命令する権利（指揮命令権・業務命令権）を有することになります。したがって、使用者が労働者に経理課へ行って働けというのにいくら本人が気に入っているからといって総務課で働くことはできませんし、使用者が労働者に出張へ行けと言っているのに会社にいる方がいいとして社内勤務に就くこともできません。要は、労働契約の場合は独立労働ではなく従属労働（指揮命令下での労働）が問題となるのです。ただ、労働者が私傷病に罹患したような場合において、現在の仕事は無理だけれども他の一定の仕事ならばできると求めており、使用者もそのような仕事がありその労働者を配置することが可能であるならば、そのような仕事をさせるよう配慮することが信義則上要請されます（片山組事件・最一小判平 10・4・9 労判 736 号 15 頁）。

使用者は病気の従業員には気配りをせよということなのです。

　なお、労働者はどのように働いてもよいというのではなく、あくまで労働契約の趣旨（本旨）に従って誠実に注意力を集中して（つまり、まじめに、あるいはきちんと）労働しなければなりません（誠実労働義務ないし職務専念義務）。ただ、最高裁は、職務専念義務に関して、身体的活動のみならず精神的活動に関しても「勤務時間及び職務上の注意力のすべてをその職務遂行のために用い職務にのみ従事しなければならない」義務であると説いており（電電公社目黒電報電話局事件・最三小判昭 52・12・13 民集 31 巻 7 号 974 頁）、学説により批判を受けています。つまり、労働者も人間である以上、勤務にあたって注意力の「すべて」を職務に向けることは困難であり、合理的な範囲で注意力を集中しまじめに働いていればよいと考えるべきなのです。

　また、使用者は指揮命令権・業務命令権を濫用してはいけません（労働契約法 3 条 5 項）。したがって、使用者の指揮命令は合理的かつ適正なものであることが求められます。使用者はいくら労働契約で約束した範囲内であるからといってひどい指揮命令や業務命令を行ってはならないのです。具体的には、①指揮命令権の行使に必要性がない場合、②不当な動機・目的（たとえば、いじめ・嫌がらせ、懲罰、組合活動等を行ったことに対する仕返し、追い出し・退職目的など）による場合、③必要性に比べて労働者の被る不利益が大きい場合などに権利濫用が認められます（権利濫用が認められた例として、学校法人亨栄学園（鈴鹿国際大学）事件・最二小判平 19・7・13 判時 1982 号 152 頁）。また、労働者の生命・身体・健康に重大な危険を及ぼす場合や労働者の人格を傷つける場合や違法な業務の場合や苦痛・無意味労働の場合にも労働義務の限界として指揮命令・業務命令は効力を持ちません。

　ちなみに、労働者と使用者の関係は契約関係ですので、労働者が労働義務を負うのは契約で合意した（約した）範囲内であり、使用者の指揮命令権はその範囲内で行使できるに過ぎません。したがって、「労働者は、労働契約を締結して企業に雇用されることによって、企業に対し、労務提供義務を負うとともに、これに付随して、企業秩序遵守義務その他の義務を負うが、企業の一般的な支配に服するものということはできない」（富士重工事件・最三小判昭 52・12・13 民集 31 巻 7 号 1037 頁）ということ（つまり、労働者はやれと言

われたら何でもその通り企業の言いなりになる義務はないということ）を肝に銘じておく必要があります。つまり、使用者＝企業は（実際には広い裁量権を持っていることは事実なのですが、それでも）決して万能、オールマイティーの存在ではないのです。したがって、みなさんは労働関係が契約関係であることを思い起こしてどこまで合意したのかをはっきりさせることが重要になります。

使用者の賃金支払義務

　みなさんが働くことと使用者が賃金を支払うことはギブ・アンド・テイクの関係（これを対価的牽連関係といいます）にあります（労働契約法6条）から、みなさんが労働契約の締結によって労働義務を負うのと対応して使用者は労働契約上の基本義務（主たる義務）として賃金支払義務を負い、その結果、みなさんは労働に応じて給料（賃金）を請求する権利を有することになります。ただし、賃金支払は原則として労働がなされてからの後払ということになります（民法624条1項）が、契約や就業規則で違った形で取り決めがあればそれに従います（たとえば、うちは月給制だけれども毎月15日が給料支給日だというような会社は、月の前半部分は後払ですが、後半部分は前払といえます）。なお、このように労働契約で発生した賃金をめぐる権利義務を通常は賃金表などを定めた就業規則や労働協約が具体化することになりますが、アルバイトの賃金や年俸制にみられる成果主義賃金などの場合は労使の個別合意により賃金額が決定されます。特に、近年では、経済競争の激化や経済のグローバル化を背景に、ホワイトカラーも生産性を上げるべきであるとして多くの企業で年功賃金や職能給の年功的運用を廃して労働者の業績・成果により賃金額がアップ・ダウンする成果主義賃金（年俸制）が導入される傾向がみられます。とにかく決まった賃金については使用者に支払義務があり、また賃金は労働者の生活にとって極めて重要ですので、労働基準法がその第3章「賃金」において労働者が確実に賃金を入手確保できるように規定を置いています。この点については後に第3章の賃金保護の法規制のところで詳しく説明します。

労働者の付随義務

労働契約を締結すれば労働と賃金をめぐる権利義務以外にも様々な権利義務が発生します。つまり、ワーキングライフにおいては労働の提供と賃金の支払という交換だけではなくその他色々な問題が生じますが、そのうちの一定のものが労使それぞれの権利義務の観点から把握されることになります。それらを義務の観点から、そしてまず労働者が負うものから見て行きましょう。労働者と使用者はワーキングライフを通じて人と人との長いおつきあいの関係（労働関係の人的継続的性格）、そして組織で多くの人がチームワークのもとで働く関係（労働関係の組織的集団的性格）に立ちますので、労働者には一定の信頼が要求され（信義則：労働契約法3条4項、民法1条2項）、その結果、企業秘密を守る義務（秘密保持義務）、企業（会社）の名誉・信用・体面を傷つけないようにする義務、多くの人が働く企業の共同作業秩序（企業秩序）を乱さないように遵守するする義務（企業秩序遵守義務）、ライバル関係の会社に雇われたり自分でライバル関係に立つ事業を行ったりしない義務（競業避止義務）などを負うことになります。ちなみに、これらを総称して、あるいはこれらの基礎として、労働者は使用者の利益を一般的に害してはならない誠実義務を負うといわれることがあります（ラクソン事件・東京地判平3・2・25労判588号74頁）。

使用者の付随義務

労働者だけではなく使用者にも信義則に照らして信頼が要求され、その結果、労働者の生命・身体・健康に配慮し労災にあわさないようにする義務（安全配慮義務）、職場いじめ・パワハラやセクハラなどが起こらないように快適な職場環境に配慮する義務（職場環境配慮義務）などの各種の配慮（つまり、気配り）を労働者に対して行う義務（配慮義務）を負うことになります（特に労働者に一定の不利益が生じる場合などにそのようにいうことができます）。ちなみに、安全配慮義務はかつては信義則を根拠にしていましたが、現在では、既にそれを説く裁判所の判例は確立したものとなったとして、労働契約法5条で確認されるに至っています。職場いじめ・パワハラ・セクハラが労働者のメンタルヘルスを損なう段階にまで至ればもはや職場環境配慮義務にはと

どまらず安全配慮義務の問題となります。以下、本書のあちらこちらで色々と使用者の配慮に触れている箇所がありますが、その根拠は信義則ということになります（ちなみに、配慮を行うためには労働者側の事情や私事を使用者が知っておくことが必要となりますが、これが労働者のプライバシーと一定の緊張関係に立つことにも留意しておく必要があります）。また、これとは別に労働基準法などの法律が労働者を保護するために使用者に多くの義務を課していますが、それらについては問題となる箇所ごとに説明することにします。

　なお、学説は、憲法に労働権（働く権利）が人権として規定されていること（憲法27条1項参照）、労働には労働者の人格が投入されること、働いてこそ生きがいや人生の充実感が生じること、実際に働くことは労働者のキャリアの展開やブラッシュアップにつながることなどから使用者が労働者を実際に働かせる労働受領義務（労働者の方から見れば自分を実際に働かせてくれということができる就労請求権）を使用者の付随義務として認めるべきだとしています。これに対し裁判所は特約や就労についての特別な合理的利益（コックやシェフなどのように働かないと特殊技能が錆びつくといった場合）のない限り労働することは労働者の義務であって権利ではないとして原則としてこのような使用者の労働受領義務（あるいは労働者の就労請求権）を認めていません（読売新聞社事件・東京高決昭33・8・2労民9巻5号831頁）。しかし、使用者は給料さえ払っていれば労働者を働かせずに飼殺しにすることができるというに等しい帰結を認める裁判例の考え方には大きな問題があるように思われます。

5　労働契約の基本原則

労働契約法3条と労働契約の基本原則

　労働契約法は3条で1項から5項にわたって労働契約の基本原則を定めています。これはワーキングライフを送る上で極めて重要な理念や原則を示していますので以下で詳しくみておくことにしましょう。

合意原則

　労働契約法は、労働契約も契約であることから、労働契約が合意によって

成立し変更されるべきこと（合意原則）を3条1項および各所で繰り返し述べ
ています（1条、6条、8条、9条）。これは、「契約なければ労働なし」という
近代法の原則（要は、奴隷制や強制労働は認めないという原則）を確認するとと
もに、かつて合意の虚偽性と呼ばれた、使用者による事実上の押しつけを労
働者が形式的に受け入れるという事態、あるいは労働者が黙って使用者に
従っていれば使用者の提案や申込み等を承諾したことになるという事態を回
避するため、労働契約に関しては（対等な立場での）「自主的な交渉」（1条）
と労働契約の理解の促進（4条）を踏まえて実質的な合意が実現されることが
重要であること（つまり、労働契約の成立や労働条件の決定・変更には交渉プロ
セスを経た実質的な合意が必要であること）を示したものといえます（とりわけ
労働者の納得と理解、そしてその前提として使用者の説明と情報提供が重要となり
ます）。ちなみに、後に述べるように、特に労働条件を不利益に変更する合意
の認定（合意の存否）は、労使の力関係を踏まえて労働者保護の観点から労働
者の自由意思（真意）を問題とするという形で裁判において極めて厳格かつ
慎重になされる傾向があります。

労働条件労使対当決定の原則
　労働契約法3条1項は、「労働契約は、労働者及び使用者が対等の立場にお
ける合意に基づいて締結し、又は変更すべきものとする。」と規定していま
す。これは、労働条件労使対等決定の原則を宣言する労働基準法2条1項と
ほぼ同じ内容となっており、労働契約法の理念として労使の実質的平等（対
等）の理念を表明したものといえます。使用者はいくら自分の方が力におい
て優るとしても、労働者をうっちゃったり軽視したりするのではなくあくま
で労働者を対等の契約相手として尊重しきちっと向き合うことが求められる
のです（そして、そのために法がサポートし規制を加えることにもなるのです）。
また、労働契約法3条1項と労働基準法2条1項は、労働契約の内容の決定・
変更は合意によるべきことを説いているものと考えられ、したがって就業規
則や労働協約などによって設定された労働条件も労働契約に取り入れられる
ことによって労働者の具体的権利となることの根拠を示しているといえま
す。そして、対等性を確保するために（放っておけば使用者に有利な方向にな

るため、それを防ぎ労使の利益が釣り合う形にもっていくように)、裁判において
は、使用者が作成する労働契約書や就業規則の内容は (もしも労働者が使用者
と対等の立場で自由に交渉していたならばいかなる決定をなしていたかという観
点から) 合理的な範囲に限定される (つまり、契約書や就業規則に書いてあるこ
とが全部そのまま契約内容になっているのではなく合理的な範囲でのみ合意した
ものとされる) 傾向もありますが (特に退職金の没収・不支給条項や懲戒規定な
ど労働者に不利益を及ぼす場合)、この合理的限定解釈の根拠もこれらの条文
(ないし労働条件労使対等決定の原則) であると解されます。

均衡の理念

　労働契約法3条2項は、「労働契約は、労働者及び使用者が、就業の実態に
応じて、均衡を考慮しつつ締結し、又は変更すべきものとする。」と規定し、
均衡の理念とでもいうべきものを示しています。これは、非正規労働者が増
加して労働者全体の約4割を占めるまでになり、それにともなって正社員と
非正規労働者の間に大きな労働条件格差がみられるという問題がクローズ
アップされてきたことを背景として、2007年に労働契約法ができるときに法
案の国会審議の過程で新たに追加されたものです。ただし、この規定は、あ
くまで、①正社員と非正規労働者との均等処遇 (平等取扱いないし差別禁止)
ではなく一定のバランスのとれた取扱い (均衡処遇) を行うことを使用者に求
めるとともに、②理念を述べるにすぎず (あるいは訓示規定・努力義務規定に
すぎず)、それ自体としては特に法的効力を有するものではない点に注意する
必要があります。しかし、雇用形態がいかなるものであろうとも均衡のとれ
た公正な労働条件にすべきであるというメッセージが発せられていることは
重要であるといえます。したがって、このメッセージを受けて、これを実効
性あるものにすべく、現在では別に、パートと有期労働者についてはパー
ト・有期労働法8条・9条、派遣労働者については労働者派遣法30条の3・
30条の4という効力のある規定が設けられています。

ワーク・ライフ・バランス (職業生活と私生活の調和) の理念

　労働契約法3条3項は、「労働契約は、労働者及び使用者が仕事と生活の調

和にも配慮しつつ締結し、又は変更すべきものとする。」と規定しています。これは労働契約関係におけるワーク・ライフ・バランスの重要性を宣言したものです。近年、雇用における男女平等、男女共同参画社会などの重要性が広く認識されてきましたが、それを実現するためには男女における家庭責任の公平な分担が必要となりその時間の確保が求められます。また、一般的に長時間労働による働き過ぎや過労死・過労自殺が深刻な社会問題化する傾向がみられましたが、このような深刻な事態を是正するためには労働者が仕事とのバランスをとりながら自己を取り戻し私生活を十分に展開することができなければならないといえます。そして、何よりも一度きりしかない自分の人生ですから、それを充実させるためには、仕事も大事だけれど私生活も大事だよということが基本となります。以上がワーク・ライフ・バランスの重要性が強調される理由です。

　ただ、労働契約法3条3項は、あくまで理念を述べるにすぎず（あるいは訓示規定ないし努力義務規定にすぎず）、それ自体としては特に強力な法的効力を有するものではありません。しかし、この規定は労働契約を貫く重要な理念を宣言しているのであって、このことが考慮され、ワーク・ライフ・バランスの理念に反するような労働条件や使用者の業務命令権・人事権の行使が公序良俗違反や権利濫用や信義則違反と判断されたり、使用者が労働者のワーク・ライフ・バランスにつき信義則上配慮を求められたりすることはありうると考えられます。また、そもそも、配転命令や時間外労働命令などにつき使用者に広範な裁量権を認め、その濫用を容易には認定しようとしない（したがって、労働者の無限定な働き方を一定容認する）これまでの判例法理（配転につき、東亜ペイント事件・最二小判昭61・7・14判時1198号149頁、ケンウッド事件・最三小判平12・1・28労判774号7頁、時間外労働につき、日立製作所武蔵工場事件・最一小判平3・11・28民集45巻8号1270頁）も、ワーク・ライフ・バランスの理念に照らして今後は根本的な見直しが求められるべきではないかと考えられます。

　なお、ワーク・ライフ・バランスが実現するためには、さらに、労働時間法制や休暇法制（労働者保護法）の整備（この点に関しては、近年、育児介護休業法が改正を繰り返し、ワーク・ライフ・バランスに向け徐々に内容を充実させて

きていることが注目されます）、実効性（実効的な救済措置）のともなった雇用
における男女の平等の実現（これについては性差別を禁止する男女雇用機会均等
法が重要ですが、まだまだ不十分な点があり今後いっそうの法規制の強化と実効化
が求められるところです）、育児・介護をはじめとする社会保障制度（社会保障
法）の整備も併せて必要かつ重要になってくるといえます。あるいは思い
切ってこれからはそれらを総合してワーク・ライフ・バランス法という新た
な法領域を確立すべきかもしれません。

労働契約上の信義則

　これまで労働関係（労働契約関係）においては契約相手の信頼を尊重し裏
切ってはならないこと（つまり、契約においては相手方の信頼が大切であること）
を説く信義則（民法1条2項）が重要な役割を果たしてきました。具体的に
は、労働契約関係にともなう基本的特徴（特に、労働関係が、人的継続的性格、
組織的集団的性格、白地的弾力的性格、そして労使の力関係の不均衡的性格の4つ
の特徴を色濃く帯びているという点が重要です）を踏まえつつ、労働契約の解
釈、権利義務関係の調整、付随義務の根拠などとしてさまざまな形で大いに
活用されています。特に、力において優位する使用者が労働者に対して各種
の配慮（気配り）を行うことを求められる（配慮義務を負う）ということが信
義則から強く要請されました。これを踏まえ、労働契約法にも3条4項で「労
働者及び使用者は、労働契約を遵守するとともに、信義に従い誠実に、権利
を行使し、及び義務を履行しなければならない。」という形で信義則規定が設
けられることになりました。

権利濫用の禁止

　これまで労働契約法理の一環として各種の権利濫用法理（業務命令権濫用法
理、配転命令権濫用法理、出向命令権濫用法理、懲戒権濫用法理、解雇権濫用法理
など）が形成されてきており、そこでは権利の濫用を禁止する民法1条3項
が重要な役割を果たしてきました。つまり、使用者は色々な権利を労働者に
対して持っていますが、（いわば力に任せて、あるいは優越的な立場を利用して）
それらをひどい形で使ってはいけないということでコントロールが加えられ

てきたのです。これを踏まえ、労働契約法も、「労働者及び使用者は、労働契約に基づく権利の行使に当たっては、それを濫用することがあってはならない。」という形で3条5項で権利濫用の禁止を定めることとなりました。ただ、問題の重要性から、労働契約法は、出向、懲戒、解雇に関しては、別に、それぞれ独自の権利濫用法理を確認する条文（14条、15条、16条）を設けており、したがって、3条5項は、それら以外の人事・業務命令に関して意義を有することになります（それでもかなり広い範囲をカバーします）。なお、この条項は、権利濫用禁止の名宛人として、「労働者及び使用者」を挙げていますが、従来の判例法理および労働契約法1条が規定する同法の目的（特に、「労働者の保護を図」るという目的）に照らせば、そして通常は使用者が大きな力（権限ないし権力）を持っているということを踏まえれば、この条項の主たる規制対象は使用者の各種の権利や権限の行使というべきであろうと考えられます。

6　労働条件の決定・変更システムと労働契約

労働契約の意義・重要性と役割

　労働基準法などの法律に違反しない限り、合意によって労働条件を決定・変更することができるのは当然のことといえます（労働契約法8条）。しかし、みなさんが企業と契約するときにはあまり細かいことについてまでは決めないのが普通です。そこで、多くの場合、みなさんの労働条件は次にみるように就業規則や労働協約といった文書で決まることになります。しかし、これらが定めている労働条件はあくまで労働契約から生じる権利・義務を具体化するものであって、それらは、結局は、みなさんの契約の中身になることになります（あくまで労働契約が最終的な権利・義務の根拠・よりどころとなります）。

　また、労働契約は、労働条件決定において次のような重要性も有しています。

　まず、労働契約は基本的な権利義務を発生させますが、特にみなさんが負うことになる義務の範囲・大きさの外枠を決定するという点が重要です。契

約の枠内については、使用者が指揮命令権を行使して義務内容を具体的に決めることになりますが、枠外の事項はあくまで契約外の問題であって、使用者はみなさんに命令することはできません（これは労働契約変更の申込みであり、みなさんは当然これを拒否することができますし、同意する場合は契約の変更の申込みに対する承諾となります）。

　そして、労働契約（合意）によってみなさんに特有の個別的な労働条件が決定（そして変更）されます（労働契約法 1 条、3 条 1 項、7 条、8 条、9 条、10 条）。たとえば、みなさんが働きながら夜間の大学に通うことになったために、使用者と個別に話し合って在学中は授業に差し障りがないように残業がないように決めるとか、いまでは民間企業でもプロ野球選手のように年俸制をとるところが増えていますが、年俸額を決めるのはみなさんと使用者の個別的な話し合いにもとづく合意ということになります（イメージとしてはニュースなどでみるシーズンオフの年俸交渉をめぐる広島東洋カープなどの選手を思い起こしてください）。

　なお、合意による労働条件の変更に当たっては、労働者は弱い立場に立ち、労働者と使用者には力の差異（情報と交渉力の差異）がありますから、特に不利益変更の場合、労働者の同意（労使の合意）の認定は相当に慎重かつ厳格になされます。労働者が引き下げられた労働条件のもとで黙って働いていたとしても同意（黙示の承諾）を与えたことにはなりませんし、単に「うん」とか「はい」と言っただけでも同意を与えたことにはなりません。また、現在の判例の傾向は、労働者の自由な意思に基づいてされたものと認めるに足りる合理的な理由が客観的に存在するか否かという観点から判断を行う方向をとっており、たとえば、使用者が十分に説明や情報提供をしない状況で労働者が同意書を提出しても同意があったものとは認められないといったケースもあります（山梨県民信用組合事件・最二小判平成 28・2・19 労判 1136 号 6 頁）。つまり、なぜ不利益変更が必要なのか、それは具体的にはどのようなものでどの程度の不利益か、具体的にはどんな結論や結果を導くかを十分に使用者が労働者に説明・情報提供したうえで、労働者が納得して同意をしないと本当に同意をしたとは認められないのです。通常、同意をはっきりさせるためには書面にする（同意書をとる）必要がありますが、先に述べたように同意書が

あってもそれはオールマイティーではないのです。

就業規則の重要性

　就業規則とは、給料（賃金）や労働時間をはじめとしてみなさんのワーキングライフ全般にわたる職場の労働条件や服務規律を集団的統一的に定めている重要な文書（職場のルールブック）です。したがって、労働基準法は、労働者を保護する観点から、事業場に常時10人以上（これはいつも10人以上という意味ではなく一時的には10人を下回ることがあっても大体10人以上という意味で、この数の中には正社員だけではなくパートやアルバイトなどの非正規も含まれます）の労働者を使用する使用者に対し、事業場の従業員の過半数代表（従業員の過半数を組織する労働組合か従業員の過半数を代表する者）の意見を聞いた上で（意見聴取義務）就業規則を事業場ごと（会社単位ではなく事務所やお店や支店ごと）に作成し（作成義務）、所轄の労働基準監督署長に届け出る義務（届出義務）を課しています（89条・90条）。就業規則が非正規も含めて全従業員に適用されるのであればひとつの就業規則でよいのですが、そうでなければパートの就業規則や有期労働者の就業規則やアルバイトの就業規則を別に作っておく必要があります。また、大部になるなどの理由でたとえば賃金だけを別規則にしたりすることも可能です。

　就業規則には具体的にどのような労働条件を書かなければならないかは労働基準法89条が詳しく定めていますが、労働時間、賃金、退職・解雇、退職金、ボーナス、表彰・懲戒をはじめとして人事制度、服務規律、各種義務、配転命令や時間外労働命令等の各種業務命令の根拠などとにかくワーキングライフの重要な労働条件のほとんどすべてと考えておけばよいでしょう。

　そして、使用者は就業規則を作業場の見やすい場所に掲示・備え付けをしたり、従業員に交付したり、パソコン上で見られるようにしたりしてわかるようにしなければなりません（周知義務：労働基準法106条1項）。したがって、就業規則を作成しただけで秘密にして公表しない（従業員に知らせない）とか金庫にしまっておくといったことは許されません。

　なお、届出義務・意見聴取義務・周知義務は、就業規則を変更する場合（たとえば、給料のアップやダウン）についても同様に課されます。

　このような就業規則はその内容が合理的でみなさんに周知されていれば労働契約締結時に労働契約内容となります（労働契約法 7 条）。この労働契約法 7 条の規定は、多数の人に対して定型的に契約内容を定めるという点に類似性があることから、鉄道・銀行・保険・水道など不特定多数の顧客との定型的取引で使用される統一契約書たる約款（これは内容が合理的で事前に開示がなされていれば契約内容になると考えられています）と就業規則を同視して、約款法理を応用して就業規則の拘束力を認めた判例法理（秋北バス事件・最大判昭 43・12・25 民集 22 巻 13 号 3459 頁）を確認したものです。ですから、みなさんの職場での権利・義務や労働条件がどうなっているかを知るためには（変更にも留意しつつ）絶えず就業規則を参照する必要があります。この意味で就業規則は非常に重要です。なお、ここで問題となる「合理的」（合理性とも言います）は一応のもので緩く解されており、企業運営にとって合理的であればよいと考えられています。ちなみに、就業規則を上回っている場合には個別労使が就業規則と異なる合意をしてもかまいません（労働契約法 7 条但書）。

就業規則の不利益変更

　社会経済状況が変わったり、インフレが起きたり、企業が景気のよし悪しの波にさらされたりと、労働条件を定めた就業規則も時代時代に合わせて変更する必要が生じてきます。就業規則の変更については、有利な変更については特に問題はありませんが、不利益に変更する場合（たとえば不景気や経営悪化による給料の引下げなど）には、（個別労使が個別合意によらなければ労働条件を変更しないと特別に契約している場合を除いて）不利益変更された就業規則が周知されかつ不利益変更に合理性があればみなさんを拘束する（反対に、合理性がなければみなさんは不利益変更された就業規則に拘束されずこれまでの労働条件を主張できる）というルールを労働契約法 10 条が定めています。これも確立された判例法理（秋北バス事件・最大判昭 43・12・25 民集 22 巻 13 号 3459 頁）を確認した規定です（したがって、判例法理の理解が極めて重要になります）。つまり、合理性を条件としつつ使用者に就業規則の変更権を認めたに等しい結論を判例は示したことになりますが、これは終身雇用のもと解雇権

濫用法理により労働者を解雇することが困難であるため、いわばそれと引き換えに合理性という歯止めをかけつつ労働条件の決定・変更権を広く使用者に承認したものといえるでしょう（つまり、少々経営が悪化しても労働者を解雇できないので、その代わりに合理的であれば使用者に労働条件を引き下げさせてあげようというギブ・アンド・テイクの考えが基礎にあるのです）。したがって、合理性判断が極めて重要となります。不利益変更の合理性をどうやって判断するかは難しい問題ですが、あくまで不利益変更が問題となるのですから一定厳格な形でなされます。裁判所が挙げている合理性判断のファクターは次のようなものです（第四銀行事件・最二小判平9・2・28労判710号12頁、みちのく銀行事件・最一小判平12・9・7労判787号6頁）。

①　不利益変更を行う必要性はどの程度のものか（不利益変更の必要性）

②　不利益変更の内容・程度はどのようなものか（不利益変更の内容・程度）

③　不利益がなされた分、不利益を緩和・軽減すべく、かわりに他で手当がなされているか、あるいは一定期間不利益を回避する経過措置が設けられているか（代償措置や経過措置の有無）

④　不利益変更してもいまだしかるべき水準の労働条件であるとか不利益変更された労働条件が同業他社と比べたり社会的にみたりしてそこそこのものといえるのか（社会的相当性）

⑤　不利益変更について労働組合との話し合い（交渉・協議）がなされたのか

⑥　他の労働組合や従業員の対応はどのようなものか

⑦　同種事項に関するわが国社会における一般的状況等

以上のファクターを総合判断して合理性があるかないかを判断しますが、判例は、基本的には、①（不利益変更の必要性）と②（不利益変更の内容・程度）を秤ないしシーソーにかけて（比較衡量して）、①の方が重ければ合理性があり、②の方が重ければ合理性がないという公式をメインの判断基準（基本的判断枠組み）として示しています（つまり、会社側の不利益変更をしなければならない必要性の方が労働者の被る不利益よりも大きければ合理性ありとされます）。その他のファクターはサブの判断基準とされています。したがって、こ

のシーソー判断が重要であることをしっかりと覚えておかなければなりません。なお、判例は合理性判断についてはダブルスタンダード（二重の基準）を採用しており、賃金、退職金等の重要な労働条件については高度の必要性に基づいた合理性、その他の労働条件については（単なる）合理性が問題となります。要は、労働者の生活にとってお金は大事だよということで前者の場合にはより厳しく不利益変更の合理性判断（チェック）がなされるということです。このダブルスタンダードに基づいて 60 歳定年の銀行における就業規則の変更による 55 歳役職定年制の新設は合理性が認められるが役職定年にともなう賃金引下げには合理性がないとされた例として、みちのく銀行事件・最一小判平 12・9・7 労判 787 号 6 頁があります。ちなみに、労働契約法 9 条は、労働契約法 10 条の場合（つまり不利益変更に合理性のある場合）を除いて「使用者は、労働者と合意することなく、就業規則を変更することにより、労働者の不利益に労働契約の内容である労働条件を変更することはできない。」と規定していますが、この条文を反対解釈して、合理性がなくてもみなさんが同意すればみなさんは不利益変更された就業規則に拘束されるとするのが判例（山梨県民信用組合事件・最二小判平成 28・2・19 労判 1136 号 6 頁）の立場です。ただし、このような場合の同意の認定は極めて慎重かつ厳格に行われます。その際、使用者によって不利益変更の結論・結果も含めて具体的かつ詳細な説明・情報提供がなされたかどうかが重視されます。また、就業規則の基準を上回っている限り、就業規則によってではなく個別合意によって労働条件を変更すると労使が合意することも可能です（労働契約法 10 条但書）。

就業規則の最低基準効

　なお、就業規則は事業場の最低基準ですからこれを上回る労働条件を個別の労働契約で定めることは差し支えありません。たとえば、使用者が、「就業規則では初任給が 20 万円となっているが、君にはぜひうちに来てもらいたいので 22 万円出そう」といって契約した場合などです（労働契約法 7 条但書参照）。しかし、下回る労働条件を契約で決めることはできません。たとえば、就業規則で初任給が 20 万円となっているのに、契約で 18 万円と決めたような場合です。その場合には、契約で決めた労働条件（18 万円）は無効となっ

て就業規則で定めた労働条件（20万円）が契約内容となります（労働契約法12条）。これを就業規則の最低基準効（あるいは最低基準保障的効力）といいます。つまり、いくら就業規則は使用者が作成するとはいえ、使用者がひとたび就業規則で労働条件として示した以上、それに拘束され、下回ることは許されないのです。したがって、就業規則を変更することなしに、使用者がみなさんに就業規則を下回る労働条件を個別合意で持ちかけることもできないのです。つまり、「君のいまの給料は月額35万円で就業規則通りだが、会社の経営が苦しいので30万円にしてくれ」ということはできず、たとえ引下げの同意書を取っても最低基準を下回るため無効となります。

労働協約と労働契約

　就業規則と同じような労働条件を定めている文書がもう一つあります。労働協約と呼ばれる文書で、労働組合と使用者が話し合い（団体交渉）のうえで労働条件を約束して決めたものです（労働組合法14条）。なぜ同じような文書が2種類もあるのでしょうか。就業規則は、組合があろうとなかろうと、常時10人以上の労働者を使用していれば使用者は作成しなければならないことになっていますが、労働協約は労働組合がある場合に限られ、しかも組合と使用者の話し合いがうまくいった（団体交渉が妥結した）時だけに締結されます。また、労働組合があっても従業員全員が組合に入っているとは限らないので、労働協約があっても組合に入っていない人の労働条件を決めるためには就業規則が必要です（当たり前の話ですが、労働組合は組合員のために活動しますので、組合に入っている人だけが労働協約によって保護されます）。

　労働協約がなければ就業規則で主な労働条件が決まりますが、労働協約があれば使用者が一方的に作った就業規則よりも労使が話し合いのうえで合意した労働協約の方が強い効力を持ち（労働基準法92条、労働契約法13条）、組合が使用者と対等な立場に立って話し合いをすることで使用者が一方的に決めるよりもよりよい労働条件をゲットすることができます（もっとも、わが国の主たる組織形態は企業別組合であるため、労働協約内容が就業規則内容と同一となっているケースが多くなっています）。労働協約はこのように労使の話し合いの結果作られた重要な文書（書面）で、労使がそれぞれサイン（署名）するか

名前を書いてハンコを押す（記名押印する）などしたものです（労働組合法14条）。

　労働協約は労働組合が後ろ盾になってできたものですから、それが規定する労働条件条項は法律と同じ強い力（以下に見る3種類の効力からなる規範的効力）を与えられています（労働組合法16条）。労働協約の労働条件条項に違反する契約の部分は無効となり（強行的効力）、協約の基準で置き換えられます（直律的効力）。たとえば、契約で給料を20万円と決めても労働協約で25万円となっていれば、20万円の取り決めは無効となり、みなさんは協約が決めている25万円の給料を自分の権利として主張できます。また、契約で何も決めていなくてもみなさんは協約の定める労働条件を自分の契約内容として主張できます（補充的効力）。

　なお、不況などの理由で労働条件を引き下げるときにもこの規範的効力が認められ、不合理でない限り原則としてみなさんの労働条件は労働協約によって引き下げられることになります（朝日火災海上保険事件・最一小判平9・3・27労判713号27頁）。

　最後にひとこと言っておけば、労働協約は組合員だけに適用されるのが原則ですが、例外的に労働組合法17条や18条の要件を充たす場合には、非組合員たる同種の労働者に対しても労働協約の労働条件部分が拡張適用されることになりますので注意が必要です（事業場単位および地域単位の一般的拘束力制度）。

　なお、労働協約は、後にもう一度第4章で労働組合や団体交渉と関連させてより詳しく解説します。

7　企業秩序・服務規律と懲戒処分

企業秩序と懲戒処分

　企業では大勢の人たちが組織的・集団的に働いているのでチームワークや共同作業秩序（企業秩序）が必要とされます。そこで、そのような企業秩序を守り、また秩序が乱された場合にはスピーディーに秩序を回復するために、普通、企業（使用者）は従業員が守るべき服務規律とそれに違反した場合の

制裁（懲戒処分）を就業規則に定めています（これは学校やサークルなど多くの人が共同生活する場合と同じですからわかりやすいと思います）。また労働基準法も懲戒制度を設ける場合には就業規則にきちんと書きなさいと使用者に命じています（労働基準法89条9号）。とにかく服務規律違反の場合には労働者に会社のお仕置きが待っているのです。

懲戒事由と懲戒処分の種類

　懲戒事由の主なものとしては、業務命令違反、職務懈怠（要するに仕事をさぼることです）、企業の名誉を傷つけることや企業の評判低下、経歴詐称（履歴書などに嘘の記載をすることで、学歴を高く偽ることだけではなく低く偽ることも懲戒事由とされます）、職務上の不正行為・非違行為（会社の金を使い込んだ、取引先から賄賂をもらったなど）、会社内での暴力・飲酒・風紀を乱す行為を行ったこと、セクハラ・パワハラなどのハラスメントを行ったこと、兼職禁止や競業禁止に違反したこと、重大な企業外非行を行ったことや犯罪を犯して刑罰を受けたこと（これらも企業外の行為ではありますが企業内に動揺を与えるなど企業秩序に重大な影響を及ぼすと考えられます）などがあります。

　また、懲戒処分の種類としては、戒告・訓告（企業からおしかりを受けることです）、譴責（企業からおしかりを受けるとともに始末書を提出することが求められます）、減給（これについては労働基準法91条が1回の額は平均賃金の1日分の半額まで、また何度減給にあたる行為を繰り返しても最大ひと月あたり給料の10分の1までと減給額の制限を行っています）、出勤停止・停職、諭旨解雇（形式上は辞職とされ辞表の提出を求められますが、辞表が提出されない場合には懲戒解雇に切り替わります）、懲戒解雇（制裁としての企業からの追い出し・放逐処分であり、通常、退職金が支払われず再就職も難しくなります）などがあります。

懲戒権の濫用

　懲戒処分はみなさんに重大な不利益を与えるものですから次のように慎重になされる必要があります。

　①　まず、どんなことをすればどんな懲戒処分を受けるのかをはっきり就業規則に書いておかなければなりません（労働基準法89条9号）し、それは

合理的であることが求められます（これは限定列挙ですので、就業規則に書いていない理由で処分することはできませんし、書いてない処分を科すこともできません）。また、合理的な理由がなかったり、懲戒事由が定められていなかった過去にさかのぼって懲戒処分を行ったり、1つの行為に対して2度懲戒処分（二重制裁）を行ったりすることもできません。以上を刑法にならって罪刑法定主義の原則といいます。

　②　懲戒処分を行うにあたってはえこひいきは許されず、（従来の例に従って）従業員を平等に取り扱わなければなりません（平等取扱い原則）。たとえば、いままである行為に対して軽い処分で済ませて来たのに、突然ある人に対して厳しい処分で臨むといったことは従業員に対して平等とはいえず許されません。

　③　違反行為ないし非違行為に見合った重さの制裁処分を行わなければなりません（相当性の原則・比例原則）。つまり、軽い違反には軽い処分で対処すべきであり、重すぎる処分を行ってはならないのです。

　④　きちんと従業員に懲戒処分の理由を説明するとともに従業員の言い分を聞く必要がありますし、就業規則に手続規定があればそれに従わなければなりません（適正手続の原則）。

　ちなみに、使用者が①・②・③・④の原則に違反した場合には、合理性と相当性を欠き懲戒権のひどい使い方をした（懲戒権の濫用）として、なされた懲戒処分は違法・無効となります（ダイハツ工業事件・最二小判昭58・9・16判時1093号135頁、労働契約法15条）。なお、懲戒処分はあくまで企業秩序の維持・回復のためになされるものですから、形式上は就業規則に違反している行為であっても、実際に企業秩序を乱さないかあるいは乱す具体的なおそれがなかった場合にはそもそも懲戒処分を行うことはできないということに留意する必要があります（目黒電報電話局事件・最三小判昭52・12・13民集31巻7号974頁）。また、労働者の被る不利益を考慮して懲戒規定には合理的限定解釈を行うことが求められます。たとえば、就業規則で経歴詐称が懲戒事由とされている場合であっても、経歴詐称一般ではなくあくまで「重大な」あるいは「重要な」経歴詐称のみが懲戒処分の対象となります。

8　配転・出向・転籍——社内人事異動と社外人事異動——

人事異動

　会社には人事異動がつきものです。特に春は人事異動の季節といわれたりもします。

　長い会社人生のなかでは色々な職場で働いたり、転勤したり、配置換えや職種替えされたりということが起こってきます（これらをひっくるめて配転といいますので、たとえば東京本社から広島支店への異動といった転勤だけが配転ではなく、経理課から総務課への異動とか、同じテレビ局のニュースの職場で働いていてもアナウンサーがディレクターに変わるようなことも配転に含まれるという点に注意してください）。配転はわが国の企業では日常茶飯事に行われています。きっとみなさんもこれまでの会社人生で何度か配転を経験したことがあるでしょうし、また、これからの会社人生で何度も経験することになると思います。通常は、配転によって企業内でキャリアや経験を積んで技能や知識を身につけていくとともに、一定の段階に来ると昇進したりもします。

　また、配転が同一会社内の社内人事異動であるのに対し、もとの会社に籍を置きながら別会社（社外）へ行って働くよう命じられるといったことにも出会います（出向ないし在籍出向といいます）。これは、かつては例外的であったのですが、現在ではよく行われています。そして、さらに自分を雇っている会社から完全に離れて籍を抜き別会社に行くことを求められることもあります（転籍ないし移籍出向といいます）。出向と転籍は社外人事異動です。

　しかし、これらの人事異動はみなさんと家族に大きな影響や不利益（たとえば、いままでの知識や技能が使えなくなったり、引越しや子供の転校、地域のコミュニティや知人との別れ、単身赴任などが生じたりといった不利益）をもたらすおそれがありますし、社外人事異動の場合にはそれらの不利益に加え働く会社が別会社となってしまう（転籍の場合は完全に転籍先に移籍し、もとの会社との関係が切れてしまう）という問題も生じます（会社にアイデンティティやプライドを持っていた人にとってはショックとなることもありますし、そもそも働き方や社風が違えばなかなかなじめないということもあります）。特に勤務地の変更

が生じる場合にはワーク・ライフ・バランスとの関係でも問題が出てきます。そこで、会社はどんな場合にこれらの人事異動を命ずることができ、どんな場合にできないか（言い換えればどんな場合にみなさんが拒否することができるか）をはっきりとさせる必要があります。

配転命令権の根拠と限界

　社内人事異動である配転は、人事異動として典型的なものですが、労働者の職務内容・職種・勤務場所のいずれか（ないしはすべて）を長期にわたって変更することをいいます。特に、職務内容や職種の変更を配置転換、勤務場所の変更を転勤ということがあります。配転はみなさんの労働契約が使用者にどこまで配転の人事権限（命令権）を与えているかによってできる・できないの範囲が決まります。契約の範囲内であれば使用者はみなさんに配転を命じることができますが、契約の範囲外であれば約束していないことなのですから命令することはできません。契約の範囲外の場合は労働契約の変更にあたり、みなさんは使用者の申込みを拒否することができます。通常は採用時に特段の定め（特定ないし限定）をすることがなく、就業規則に使用者の広い範囲での命令権が書かれてありこれが契約内容になる（労働契約法7条参照）ので、使用者は広範な配転命令権を持つことになります（特に大卒総合職の場合についてそのようにいうことができます）。しかし、みなさんと使用者が個別に合意で限定を加えれば使用者の配転命令権の範囲は狭くなります。たとえば、あなたの勤務地は特定します（現地採用の高卒労働者の場合や勤務地限定社員の場合など）とか、うちの会社は商社だけれどもあなたは会社の診療所の看護師として雇うので看護師以外の仕事はさせない（これは通常は医師や大学教師などの資格が必要な職や専門職のケースといってよいでしょう）といった事例です。もっとも、裁判所は、容易には勤務地や職種の限定を認めない傾向にあります（アナウンサーの職種限定を認めなかった例として、九州朝日放送事件・最一小判平10・9・10労判757号20頁があります）。これは単に必要性があるから企業に裁量を認めるのではなく労働者の雇用の維持・保障を考慮してのことでもあると考えられています。つまり、確かに企業にとっては柔軟な人事異動が有益で都合がよいといえますが、それは労働者にも一定の雇用保障の

利益をもたらす面もあるのです。たとえば、勤務地の事業所が廃止されたり職務・職種がなくなったりしても、配転を行うことで労働者が解雇されず雇用され続けることができるといえますが、使用者に広範な配転命令権を認める判例法理の背景にはそのような基本的考えが潜んでいるのです。要は、一定の必要が生じた場合や職などが廃止された場合には広く企業内で人をやりくりすることで対処することができるのです（これを内部労働市場と呼び、終身雇用制ないし終身雇用慣行を基礎としています）。しかし、雇用の維持・確保が問題になる場合以外でも、依然として常に使用者が広範な配転命令権を持つことになりますので、それと労働者のワーク・ライフ・バランスやこれまでの職務・職種にとどまる利益との関係をどう考えるかが難しい問題として提起されることになります。

配転命令権の濫用

　なお、契約の範囲内であっても配転命令権の行使がひどいと判断されると権利濫用ということで配転命令は無効になります（労働契約法3条5項）。裁判所は次のような場合に権利濫用になるとしています（リーディングケースとして、東亜ペイント事件・最二小判昭61・7・14判時1198号149頁があります）。

　①　配転の必要性がない場合

　②　配転の必要性があっても他の不当な動機・目的でなされる場合（たとえば、いじめやいやがらせ、公益通報・内部通報に対する報復、退職・追い出し目的の場合などです）

　③　配転の必要性があっても「労働者に対し通常甘受すべき程度を著しく越える不利益」を被らせる場合（たとえば寝たきりのあるいは病気の親や家族を介護・看護しているため転勤することになれば親や家族をおいての単身赴任とならざるをえないような場合や転勤で子供の育児が困難になる場合などですが、この点については育児・介護を行う労働者に対して配転を命じる場合に配慮を行うべき旨を事業主に対して説く育児介護休業法26条も参照してください）

　なお、転勤については普通の単身赴任程度ではなかなか権利濫用とは認められません（したがって、判例はサラリーマンにとっては厳しいルールを示しているといえます）。つまり、「サラリーマンたる者、単身赴任ぐらいは我慢し

ろ」ということなのですが、それでもやはり単身赴任になると労働者に大きな不利益（たとえば、家族と一緒に住めないなど）が生じることを考慮して、裁判所は単身赴任の場合には使用者が労働者に対して手当の支給など不利益を和らげる一定の配慮（気配り）を加えることを求めています（帝国臓器事件・最二小判平11・9・17労判768号16頁）。また、「通常甘受すべき程度を著しく超える不利益」は一般に単身赴任などの転勤でよく問題にされるのですが、職務内容・職種の変更である配置転換でも問題となり、その場合には、配転によって被る労働者の経済上の不利益やキャリア形成の不利益が考慮されることになります。つまり、年収が大幅にダウンするとかこれまでのキャリア展開を無にするとともに今後のキャリア展開も望めないといったような場合です。

出向命令権の根拠と限界

　出向とは籍はもともと雇われていた企業（会社）に残しつつ、一定長期にわたって社外の別企業（別会社）でその指揮命令を受けて働くことをいいます（ちなみに、出向中はもといた会社では休職扱いとなるのが通例です）。労働者は労働契約関係を両社と持つことになります（もともとの労働関係と出向労働関係の2つです）。また、労働者を送り出す会社と受け入れる会社の間では出向協定（出向契約や出向労働者受入契約とも言います）が締結され、基本的な労働条件等の出向条件が定められます。社外人事異動の典型であるこの出向（在籍出向）は、現在、企業で多用されていますが、その目的は様々です。他の会社や子会社・関連会社などに助っ人として人材を援助したり（人材援助型）、武者修行として他の会社を経験させたり（人材育成型）、企業グループ内での会社を超えてのローテーションや人事交流であったり（企業グループ型）、ポストが不足しているので子会社や関連会社にやって課長や部長などの役に付けたり（中高年処遇型）、高年齢の社員をもっと楽な職場に移すためであったり（高年齢者排出型）、不況や経営難のために自分のところで抱えきれない余剰人員を他の会社で引き受けてもらうといったリストラの一環であったり（雇用調整型）します。なお、出向は原則として一定期間後にもとの会社に戻ること（出向復帰）を前提にしていますが、相手先に行ったきりとなり復帰を

予定していない片道出向の場合もあります。

　出向は、籍は自分を最初に雇った企業（出向元）に残るとはいえ、実際には別会社（出向先）に行って働くことになりますから労働契約の大きな変更にあたるとともに、民法 625 条 1 項がこんな場合には労働者の同意が必要であるとしているところから、労働者の同意が必要となります。かつて裁判例はこの同意を厳格に労働者の個別同意と解する傾向にありました。しかし、現在では、多くの企業で色々な目的で頻繁に出向がなされていますから、このような事情を考慮して、裁判所は就業規則や労働協約に会社が労働者に出向を命じることができると書いてあれば同意がある（つまり出向を義務づける就業規則や労働協約の条項が契約内容になる）と緩く解しています（興和事件・名古屋地判昭 55・3・26 労民集 31 巻 2 号 372 頁）。しかし、これもあくまで企業グループ内であるか、（賃金差額を支払うなどの）労働条件の手当・整備がなされているなどが前提とされています。また、使用者は出向命令権を濫用することはできません（労働契約法 14 条）。具体的には、会社側の出向を命じる必要性に比べて労働者の被る不利益の方が大きければ権利の濫用が認められますが、これに手続の相当性や人選の合理性・妥当性も合わせて考慮します（新日本製鐵（日鐵運輸第 2）事件・最二小判平 15・4・18 労判 847 号 14 頁）。もちろん、必要性がない場合や不当な動機・目的の場合も権利濫用となります。

　ちなみに、わが国においては、労働者の雇用保障は、単に労働者を雇った 1 社だけではなく出向を通じて企業グループではかられているという実情ないし傾向があります。要は、子会社や関連会社に従業員を引き受けてもらうことで雇用保障が行われているのです。その意味で、もともと労働者を採用した企業とこのような出向がなされる子会社や関連会社（企業グループなど）を合わせて人がやり取りされる場を準内部労働市場と呼ぶことがあります。

　なお、出向期間が定められていない場合や期間途中の場合であっても使用者（出向元）は労働者を同意なしに出向復帰させることができると解されています（古河電機工業・原子燃料工業事件・最二小判昭 60・4・5 民集 39 巻 3 号 675 頁）。

転籍と個別同意

　もうひとつの社外人事異動である転籍（移籍出向）はもとの企業（転籍元）との縁が完全に切れて別の企業（転籍先）に行ってしまいます（したがって、もとの企業には戻れません）から、当然に厳格に労働者の個別同意が必要であるとされています（三和機材事件・東京地決平3・1・31判時1416号130頁）。なお、転籍には民法625条1項に基づいて転籍元（もともと労働者が働いていた企業）が転籍先（新たに労働者が働くことになる企業）に労務指揮権を譲渡するケースと労働者が転籍元との労働契約を合意解約して転籍先と新たに労働契約を締結するケースの2つのパターンがあります。いずれも転籍元と転籍先の間に転籍労働者受入契約が存在していることが前提となります。

9　昇進・昇格・降格

企業内での出世や地位の引下げ

　課長になるとか部長になるとかいったいわゆる出世（企業内での地位や職位の上昇）が昇進と呼ばれます。これには就業規則などである程度の基準が設けられることもありますが、使用者には企業の経済活動の自由が憲法によって保障されているため（憲法22条1項・29条）、通常は使用者に広い裁量権が認められていると解されています。判例は、同じ理屈から、地位の引下げ（降格）も使用者の裁量によってできるとされています（エクイタブル生命保険事件・東京地決平2・4・27労判565号79頁、星電社事件・神戸地判平3・3・14労判584号61頁）。ですからせっかく部長になっても頼りないからといって課長に格下げされるということも出てくるのです。しかし、引下げも権利濫用に当たる場合には認められません（労働契約法3条5項）。また、もともと平社員で採用された人には地位のアップ・ダウンにつき使用者が大きな裁量を持つのですが、たとえば部長で中途採用された人に対しては（そもそも契約で部長の地位を決めたわけですから）部長より下に引き下げることはできません。

企業内での格付けのアップやダウン

　多くの企業は職能資格制度を設けていてみなさんに格付けを行ってそれに

基づいて給料を支払っています（格や級が上がれば給料もアップします）。英検
1級とかソロバン1級とかありますが、同じように企業がそれぞれ独自に自
分の会社の資格を設け格付けを行っているのです。通常、使用者がある程度
の裁量権を持つとはいえ、昇格の基準は大体は就業規則に明示されており、
人事考課・査定（つまり使用者によるみなさんの成績付けのことです）に応じて
みなさんの資格が上昇してゆきます。なお、正確にいえば、資格の上昇（た
とえば、社員から主事へ、あるいは主任から参事へなど）を昇格、資格内での級
の上昇（社員3級から社員1級へなど）を昇級と呼びます。

　格下げ（これも降格と呼ばれます）は給料ダウンにつながりますので通常は
行われません（予定されていません）が、就業規則に合理的な理由と基準が書
いてある場合や就業規則で懲戒処分の一環として行うことができるとされて
いるような場合には格下げも可能となります。これらの場合でも格付けを引
き下げる権利の濫用は許されません（労働契約法3条5項、15条）。

10　休　職

多様な休職制度

　長い会社人生においてはその途中で長期にわたって会社を休む必要が出て
くることがあります。日本ではこれまで終身雇用制が広く行われてきていた
こともあり、会社は労働者が長期に休まなければならなくなった場合、直ち
にクビにするのではなく一定期間休ませてあげようという休職制度を就業規
則や労働協約で設けているケースが広くみられます。どのような理由で休め
るのか、休職期間はどれくらいか、その期間の給料はどうなるのかなどは就
業規則や労働協約の定めによります（なお、私傷病で休職する場合には、たとえ
会社が給料を保障してくれなくても、健康保険法99条により健康保険から1年6か
月にわたって傷病手当金が支給され、給料の3分の2の所得保障がなされますし、
組合専従休職者に使用者が給料を支払えば労働組合法で禁止されている経費援助
にあたりますので注意する必要があります）。一般に、各企業で行われている休
職の種類としては、自己都合休職、起訴休職、事故休職、病気休職、出向休
職、懲戒処分としての休職（これは停職と呼ばれることもあります）、雇用調整

としての休職、組合専従休職などがあります。通常は使用者が休職処分という人事措置を命じる形でなされます（休職命令の発令）。困ったときのために就業規則や労働協約をよく見ておきましょう。

なお、病気休職の場合には、休職期間が満了しても病気が治癒していなければ解雇かあるいは自然退職になります（解雇か退職かは会社が就業規則や労働協約でどのように定めているかによります）が、使用者は可能ならばできる限り労働者を職場に戻すよう配慮しなければなりません。治癒とは原則として従前の職務を通常通りに行える状態になったことをいうと考えられますが、実際にはある程度回復しておりできる仕事があれば使用者は労働者を復職させてそれを行わせるようにするなどして徐々にもとの仕事ができるように配慮すべきものとされます。したがって、治癒は実際にはそれほど厳格に文字通りには解されません。

11　労働契約の終了

多様な終了事由

会社人生、ワーキングライフにもいつかは終わりが来ます。そして、終わり方にも自分で辞めたりリストラであったりと色々あります。ここでは会社とのサヨナラにはどんなものがあり、そのルールはどのようになっているのかを代表的なものをとり上げてみておくことにしましょう。

定年

ハッピー・リタイアメント！定年が来ていよいよ長い間勤めた会社ともお別れです。このような定年には定年年齢到達をもって自動的に雇用関係が終了する定年退職制と定年年齢到達を解雇事由とする定年解雇制の2種類があります。どちらにするかは会社によって異なりますが、通常は前者のケースが多くなっています。定年は、終身雇用慣行の下ではその年齢までの雇用保障を意味すること、先輩が後輩に席を譲るという意味合いがあること、企業も人員リフレッシュが必要であること、年功賃金の収支合わせの意味があることなどから一般的に有効であると解されています（定年制を適法とする判例

として、秋北バス事件・最大判昭 43・12・25 民集 22 巻 13 号 3459 頁)。

　しかし、定年年齢は自由に決めることができるのでしょうか。現在、高年齢者雇用安定法 8 条が事業主に 60 歳定年を義務づけています。しかし、公的老齢年金がもらえる年齢が 65 歳からですので、なんとかあと 5 年間雇用を延長をする(つまり、職業生活からの引退と年金受給を接続する)ことが大きな課題となります。これを受けて、高年齢者雇用安定法 9 条が事業主に労働者の 65 歳までの高年齢者雇用確保措置(定年延長、継続雇用制度の導入、定年廃止のいずれか)を講ずることを義務づけています。多くの企業は、継続雇用制度の導入を選択しており、通常は、定年(60 歳)でいったん労働者を退職させておいてからもう一度 1 年契約で再雇用し契約更新をしつつ嘱託などで 65 歳まで雇うことになります。なお、再雇用後の職種や賃金をどのようなものとするかは使用者に一定の裁量がありますが、あまりにも違う職種やあまりにも低すぎる賃金の場合(労働者が到底受け入れ難いと考えられる労働条件の場合)には高年齢者雇用安定法の趣旨に反して違法となる可能性があります(トヨタ自動車ほか事件・名古屋高判平 28・9・28 労判 1149 号 22 頁、九州総菜事件・福岡高判平 29・9・7 労判 1167 号 49 頁)。また、再雇用の場合は有期労働契約となるので定年後といっても有期労働契約につき不合理な労働条件を禁止する労働契約法 20 条(2020 年 4 月からはパート・有期労働法 8 条となりましたが、あわせて新たに同法 9 条も論点となってきます)の適用が問題となった事例がある点も忘れてはいけません(長澤運輸事件・最二小判平 30・6・1 労判 1179 号 34 頁)。

　なお、アメリカでは雇用における年齢差別禁止法により定年制が違法とされています。EU でも定年は年齢差別の観点から問題とされています。日本でも高齢化が進展し、元気なお年寄りが増えてくると「生涯現役」を目指す場合も多くなると思われ、将来はアメリカや EU のようになるかもしれませんが、さしあたりとりあえずは企業に一律 65 歳定年を義務づけることが重要な目標となると思われます。この点に関連して、2020 年の高齢者雇用安定法の改正によって、労働者の 70 歳までの高年齢者就業確保措置を講ずる旨の事業主の努力義務が法律に規定されたことが注目されます(10 条の 2)。

辞職・労働契約の合意解約

　みなさんは期間を定めて雇われているのでない限り、2週間の予告期間を置けば自由に会社を辞めることができます（民法627条1項）。これを辞職といいます。つまり、いやだったら2週間の我慢さえすればいいのです。この退職の自由ということがあくまで大原則ですので、使用者が色々と難癖やいいがかりをつけて社員やパート・アルバイトなどの労働者を退職させないということはできません（しかし、実際には、残念ながら一部の企業などでそのような退職させないという事態がみられることも事実です）。使用者がそのような動きに出てきても労働者はきっぱりやめさせて頂きますと意思表示すれば2週間後には退職できるのです。これは憲法18条の人身の自由の要請であるということもできます。ちなみに、これに対し、有期雇用の場合にはその期間中働くということを約束したのですから労働者はやむを得ない事由がないと期間途中で辞めることはできない（民法628条）ということに注意する必要があります。したがって、アルバイトやパートであるからといって、半年間と期間を定めれば原則としてその半年間は辞めることができません。

　また、会社と波風立てずに円満退職したいということで会社にお伺いをたて、使用者と話し合いをして合意の上で辞めることも自由です（労働契約の合意解約）。なお、合意解約は相手方が納得して了承する（いわば合意で合意を消す）わけですから有期雇用の期間途中でも可能です。

　しかし、このような退職（辞職・合意解約）が使用者にだまされたり脅されたりした結果である場合には、このような退職は取り消すことができる（民法95条：錯誤、96条：詐欺・強迫）ことがあります。たとえば、みなさんが何か失敗をして本当は懲戒処分には該当しないのに、使用者がそれに目をつけて、「このままだったら懲戒解雇になり、経歴に傷がつくので自分から辞めろ」と迫って労働者を退職に追い込んだ場合（辞職の意思表示をさせた場合、あるいは合意解約の申込みをさせた場合）には、使用者が嘘をついたということで詐欺、あるいは使用者が脅したということで強迫が成立する可能性があり、また労働者が勘違いさせられ「懲戒解雇となるぐらいなら自分から辞めさせてもらいます」と言ったという場合であれば錯誤が問題となるのです。

　なお、辞職の場合は、労働者が一方的に辞めるのですから、あとで頭を冷

やして早まったと思い直しても、一度「辞める！」といってしまえばそれっきりです（ちなみに、辞職の意思表示はそれだけで効果が生じるので単独行為といいます）が、労働契約の合意解約の場合には、合意で退職するわけですから会社が「うん」といって承諾するまではやっぱり辞めるのはやめたということができます（合意解約の申込みの撤回）。なお、撤回ができるのは、実際には、会社で実質的に人事の決定権限を有している人が承諾するまでですが、権限の所在は会社によって異なっているためケース・バイ・ケースで判断され、人事部長に承諾権限があるとされた例として、大隈鉄工所事件・最三小判昭62・9・18労判504号6頁、常務取締役に承諾権限なしとされた例として、岡山電気軌道事件・岡山地判平3・11・19労判613号70頁などがあります。だから、普通、みなさんが「辞める」と会社にいうときは言い切りとなってしまう辞職の意思表示ではなく撤回可能な合意解約の申込みと考えるべきであるとされています。なお、みなさんが会社を辞めるということは重大なことですから労働者の意思表示の有無ないし存否は自由意思ないし真意によるのかという観点から厳格に判断されなければなりません（場合によっては、口頭ではだめで書面が必要とされることもありえます）。

　なお、最近のリストラで、企業が希望退職を募るという例がよく見られますが、これは退職を希望する人と会社が労働契約の合意解約を行っていることになります。

解雇

　解雇とはクビ切り（使用者による労働契約の解約）のことです。期間の定めのない労働契約に関しては、民法627条1項が使用者の解雇自由の原則を定めています。しかし、解雇は、日本的雇用慣行（終身雇用制、年功処遇制）のもとでは再就職の困難や再就職にともなう賃金ダウンなどをもたらすとともにキャリアを中断させたり生活の糧や生きがいを失わせたりするなど労働者に大きな不利益を生じさせます。そこで、労働契約法16条が、「解雇は、客観的に合理的な理由を欠き、社会通念上相当であると認められない場合は、その権利を濫用したものとして、無効とする。」と規定して不当な解雇からみなさんを守っています。ちなみに、これはかつては解雇権濫用法理という裁

判所が作ったルール、つまり判例法理（日本食塩製造事件・最二小判昭 50・4・25 民集 29 巻 4 号 456 頁）だったのですが、もはやこのような法理は確立したものとなり法律ではっきりと示すべきであるとして現在では法定化（条文化）されています。

　そこで、解雇が権利のひどい使い方がなされたのではなく（解雇権濫用ではなく）ちゃんと有効であるというためには、合理性のテストと相当性のテストという 2 段階のテストをくぐり抜けなければならないのです。ちなみに、解雇が無効とされた場合には、みなさんのクビがつながっていることになりますので、従業員としての地位（労働契約上の地位）が確認されますし、使用者の責任で働けなかったのですから解雇期間中の給料ももらえます（これをバック・ペイといいますが、根拠は民法 536 条 2 項です）。つまり、会社に戻れるのです。しかし、一定数の労働者は裁判で勝っても（自分が悪くなくても）自分をクビにした会社に戻りづらい（あるいは戻りたくない）と考え、結局（一度会社に戻ったうえで解決金を受け取って）退職してしまうケースも見られます。そこで、近年、解雇が違法となる場合には無効とするだけではなく金銭で解決することができるという選択肢（つまり、解決金をもらって労働関係を解消するという選択肢）も認めようという解雇の金銭解決制度の導入が政府で議論・検討されています。しかし、無効か金銭解決か（会社に戻るかお金で解決するか）を労働者だけが選択できればよいのですが、これを使用者にも認めてしまうと職場に戻りたい労働者が戻れなくなってしまうという問題点があり（あるいは一部ではそれが使用者の違法解雇を誘発するおそれがあるという懸念も示されており）、どう考えるかが今後の焦点となります。

　なお、合理性のテストとは、労働者をクビにするだけの合理的な（重大な）理由があるのかどうかということを吟味することをいいます。解雇の合理的な理由としては次のようなものがあります（ちなみに、労働基準法 89 条 3 号は使用者は必ず就業規則に解雇理由を書いておかなければならないとしています）。

　①　労務提供の不能、労働能力・職業適性の低下・喪失、勤務成績・勤務態度の不良

　②　労働義務違反、業務命令違反、服務規律違反

　③　不況による人員整理（これは重要ですので、もう一度あとで取り上げます）

④　ユニオン・ショップ協定に基づく解雇（これも難しい問題ですので、あとで第4章の労働組合のところで詳しく取り上げます）

　また、相当性のテストとは、合理的な理由があったとしても、それがクビを切らなければならない程度にまで達していたのかということをチェックすることです。ちなみに、相当性が問題となった有名な事例としては、朝6時からのラジオのニュース放送を寝過ごして2週間に2回とばしてしまったアナウンサーの解雇がいささか酷であるとして権利濫用で無効とされた、高知放送事件・最二小判昭52・1・31労判268号17頁があります。つまり、この事件では、クビにする合理的な理由（放送事故）があってもそれがクビにするまでの程度に達していないと判断されたわけです。このような相当性は労働者側のあらゆる事情（特に勤務態度が真面目であるとか、勤務成績がよかったとか、これまで事故等は起こしてこなかったとか、これまで会社では事故を起こして処分された事例はなかったとかなどの有利な事情）を総合的に考慮して判断されます。相当性に関連しては、解雇はあくまで最後の手段と位置づけられるという「解雇は最後の手段」の原則に注意しておかなければなりません。たとえば使用者が成績不振や能力不足の労働者を解雇するためには、いきなりではなく、その前に、注意、指導、教育訓練、配転などの他のとりうる手段（ただし、何でもやれということではなく、あくまで使用者がとることができると期待されるものに限られます）を尽くすことが求められるといえ、そうでないと解雇は認められないのです（セガ・エンタープライゼス事件・東京地決平11・10・15労判770号34頁）。とにかく、使用者にとっては労働者を解雇することはなかなか難しくなっており、よほどのことでもない限りクビは切れないといえます（ちなみに、クビを切られる場合には、通常は、何かみなさんに落ち度や違反や問題点があって合理性が認められることが多いといえますので、実際には相当性の吟味が極めて重要になってきます）。

　ではなぜみなさんを解雇（クビ切り）から保護する必要があるのでしょうか。それは、先にも若干触れたように、クビを切られると、収入がなくなって生活できなくなり、キャリアが途絶えたり中断したりし、仕事や職場の人間関係を通じて人格展開する機会を失うなどみなさんに大きな不利益が生じるからです。また、これまでわが国で広くみられた終身雇用制（新卒で雇って

から定年まで面倒をみるという雇用慣行）や年功処遇制（年功賃金制ともいい毎年給料が上がってゆき長く努めていれば賃金額が次第に増えていく賃金システム）からみても解雇は労働者に大きな不利益を及ぼしますので、解雇はできる限り避けるべきだという考えのなかにはこのような雇用慣行（日本的雇用慣行）も大きく反映しているのです。以上が、労働契約法16条とそのもとになった労働契約法理と呼ばれる判例法理の考えであるといえます。しかし、労働契約法理は、このように解雇権濫用法理によって労働者の雇用の安定化をはかることと引き換えに（つまり、ギブ・アンド・テイクとして）、本書の各所で見るように、業務命令、時間外労働命令、人事異動、（就業規則による）労働条件の決定・変更につき使用者に広範な裁量を認める基本構造を示しています。要は、労働者はクビにならないのだから、その代わりに業務命令、時間外労働命令、人事異動、労働条件の決定・変更については基本的に使用者の言うことを聞きなさいというコンセプトとなっているのです。

　なお、有期労働契約の場合には、その期間は使用者は労働者を雇うということを約束しているわけですから、期間途中での解雇はやむを得ない事由（期間満了を待つことができない程の重大な事由）がある場合を除いて禁止されます（労働契約法17条1項）。このやむを得ない事由は労働契約法16条で問題とされる合理的で相当な事由よりもずっと厳格なものであると解されています。したがって、有期労働契約には原則として期間中の雇用保障機能があるといわれます。ちなみに、2008年のリーマンショックのときやコロナ禍で大問題となった派遣切りや有期切りは、多くの場合、有期の期間途中での解雇であり労働契約法17条1項に違反する事例だったといえます。

整理解雇（人員整理）

　経営不振や不況などによる人減らしのクビ切りはリストラや人員整理と呼ばれますが、正式には整理解雇といって他のクビ切りとは性格がちょっと違っています。他のクビ切りは何かみなさんの側に理由や落ち度などがあってなされるのですが、整理解雇は専ら会社側の都合でなされるため、みなさんにとっては寝耳に水といったことになりかねません。また、整理解雇は、通常たくさんの人を対象としますので影響が大きいですし、クビになった人

が他で職を求めようとしても他も不況でなかなか就職口がないといった状況
がみられます。そこで、裁判所は、他のクビ切りとは異なって、整理解雇の
場合は独自の要件を立てその有効性を厳格に判断しようとする傾向がありま
す（大村野上事件・長崎地裁大村支判昭50・12・24判時813号98頁、東洋酸素事
件・東京高判昭54・10・29労判330号71頁）。これは、かつて1973年の第1次
オイルショックを契機として整理解雇が多発したことを背景に裁判所が大手
企業の雇用調整策を参考に作り上げたルールであるといえます。具体的に
は、次の4つの要件（整理解雇の4要件）を充たさない整理解雇は権利濫用で
無効とされることになります（労働契約法16条）。

　①　1つ目は、人員削減の必要性で、経営状態が合理的な経営者であれば
人員削減やむなし（合理的な経営者であれば手を打たなければならない）という
段階に至っているかどうかということが重要であり、人員整理をしなければ
倒産必至ということまでは求められません。したがって、必要性に関しては
原則として使用者の経営判断が尊重されますが、それと矛盾する行動（たと
えば、新入社員の採用、役員報酬の引上げなど）がなされているような場合には
必要性が否定されます。

　②　2つ目は、整理解雇回避努力の実施で、経営不振や不況でもできる限
りクビを切らなくてもすむように、使用者が経費削減、役員や従業員の報酬
引下げ・カット、配転・出向の実施、新規採用の停止、一時帰休（一時的な
一斉休業）、希望退職者の募集などの努力を行うことが求められます（特に希
望退職者の募集が重要です）。これは「解雇は最後の手段」の原則の整理解雇版
ともいえ、何ら落ち度のない労働者を解雇するのですからそれを回避するた
めに信義則上使用者に色々と手を尽くすことが要請されるのです。ただ、こ
の場合も、使用者は何でもかんでもやれということではなく、あくまででき
ること（期待可能なこと）をすべてやりなさいということが求められる点に注
意する必要があります。

　③　3つ目は、人選の合理性・妥当性で、整理解雇の合理的な具体的基準
を決めて、整理対象者をそれに即してきちんと選んだのかが問題となりま
す。使用者にはどのような基準を採用するかについて一定の裁量が認めら
れ、したがって多様なものがありうるのですが、裁判においてはその採用さ

れた基準が合理的かどうかがチェックされることになります。

　④　4 つ目は、手続的なもので、使用者が労働者や労働組合との話合いや協議を誠実に行ったかが問われます。これも落ち度なく解雇される労働者に対する信義則に基づく要請といえます。

　なお、最近は、以上は、1 つでも欠ければ解雇が無効となるという要件（4 要件）ではなく解雇権濫用を判断する際の主要な判断要素（4 要素）にすぎないと考える判例や学説が増えてきています。もっとも、4 要素説をとる場合でも、あくまで 4 つの要素は解雇権濫用の重要な判断要素であるとして、厳格に判断される傾向にあります。また、従来の整理解雇のケースは企業の経営悪化や経営危機を前提とした危機回避型ないし緊急避難型と呼ばれますが、近年では企業を取り巻くドラスティックな経済環境などを踏まえて、必要性判断に関して企業戦略に基づいて解雇がなされる戦略型やあらかじめ予防的に解雇を行う予防型をも認めるべきかが問題となっています。

解雇に関する法律の規制

　解雇の場合には、既に述べた労働契約法 16 条以外にさらに労働基準法をはじめとして多くの法律によって次のような規制が加えられています。

　①　労働者が労災で休んでいる期間、女性が産前・産後の休業で休んでいる期間、およびその後 30 日間は解雇が禁止されます（労働基準法 19 条）。再就職が困難な時期の労働者を保護するためです。なお、これには一定の除外事由（労災に打切補償を支払う場合と天災事変その他やむを得ない事由のために事業の継続が不可能となった場合）があります。

　②　使用者は労働者を解雇しようとする場合には 30 日前の解雇予告を行うか平均賃金の 30 日分の解雇予告手当を支払わなければなりません（労働基準法 20 条）。突然の解雇により労働者の生活に混乱と困難が生じないようにするためです。ちなみに、予告日数と手当の額はその合計が 30 日になればよく、たとえば 10 日前の予告ならば 20 日分の手当の支払が必要となります。ということは使用者は 30 日分の解雇予告手当を支払えば労働者を即時解雇することも可能となるのであり、この点に注意する必要があります。なお、以上が原則ですが、一定の除外事由（天災事変その他やむを得ない事由により事

業の継続が困難となる場合と予告をするとか予告手当を支払うことが使用者にとって酷であるといった程度の重大性を有する労働者の責めに帰すべき事由による解雇の場合）に該当すれば予告も予告手当の支払も必要ないという例外が認められています。また、労働基準法20条は、次に者には適用されません（労働基準法21条）。即ち、日日雇い入れられる者（ただし、1か月を超えて使用されるに至った場合は適用があります）、2か月以内の期間を定めて使用される者（ただし、所定の期間を超えて使用されるに至った場合は適用があります）、季節的業務に4か月以内の期間を定めて使用される者（ただし、所定の期間を超えて使用されるに至った場合は適用があります）、試用期間中の者（ただし、14日を超えて引き続き使用されるに至った場合は適用があります）です。

③　解雇理由は必ず就業規則に記載しなければならず（労働基準法89条3号）、労働者が解雇予告期間中に解雇理由の証明書を求めた場合には使用者はこれを交付しなければなりません（労働基準法22条2項）。もちろん、解雇されて退職した後で解雇理由の証明書を求めることもできます（労働基準法22条1項）。とにかく、裁判になった場合には、使用者は証明書に記入した以外の理由を持ち出すことはできないと考えられています。したがって、解雇の意思表示がなされたが納得できない労働者は解雇後だけでなく予告期間中であっても解雇理由の記された証明書を手に弁護士に相談に行くことができます（そこで、場合によっては労働者は予告期間中に解雇は権利濫用だとして使用者に解雇を撤回させることができる可能性もあります）。

④　次のような理由による解雇は禁止されます（なお、これら以外にも解雇禁止を定めた法律の規定はたくさんあります）。

差別的取扱いの禁止として、国籍・信条・社会的身分による解雇を禁ずる労働基準法3条、性別を理由とする解雇を無効としたり禁止したりする民法90条（男女平等取扱い法理）や男女雇用機会均等法6条4号・9条があります。なお、この点については性差別に関し行政に救済を求めたことに対してなされる報復的解雇を禁止する男女雇用機会均等法17条2項・18条2項にも注意が必要です。

労働組合法7条1号は不当労働行為（不利益取扱い）として、労働者が労働組合の組合員であること、労働組合に加入し、もしくはこれを結成しようと

したこと、あるいは労働組合の正当な行為をしたことの故をもって、その労働者を解雇することを禁止しています。

　育児介護休業法 10 条・16 条は育児休業・介護休業の申出・取得を理由とする解雇を禁止しています。子の看護休暇や介護休暇についても同様です（16 条の 4・16 条の 7）。

　労働基準法 104 条 2 項は労働基準法違反の申告を労働基準監督署長や労働基準監督官に行ったことを理由として使用者が労働者に対して報復的に解雇を行うことを禁止しています。

　労働者派遣法 49 条の 3 第 2 項は、派遣労働者が派遣法違反の事実を厚生労働大臣に申告したことを理由とする解雇を禁止しています。

　パート・有期労働法 24 条 2 項・25 条 2 項は、パート・有期労働法上の紛争解決援助・調停を行政に申請したことを理由とする解雇を禁止しています。

　個別労働紛争解決促進法 4 条 3 項・5 条 2 項は、労働者が同法上の助言・指導を求めたり、あっせんを申請したりしたことを理由とする解雇を禁止しています。

　公益通報者保護法 3 条は公益通報をしたことを理由とする解雇を禁止しています。

変更解約告知

　もしもみなさんがある日、会社から、いま 1000 万円の年俸を 600 万円に引き下げるかそれとも解雇されるかどちらかを選べと言われたらどうするでしょうか。クビ切りの恐怖で大変な変更を迫られるということで、びっくりするでしょうし、ある意味で苦渋の決断ないし究極の選択に追い込まれ困ってしまいますよね。新手のリストラと考える人もいるでしょう。確かにこういう提案は会社の経営が危機に瀕した場合などになされることがあるのですが、本当に 600 万円に引き下げることが必要なのか疑問だ、あるいは 600 万円という数字には納得できないということで、みなさんが引下げに同意しないと解雇されてしまいます。それが不当だと思えば解雇無効を訴えて裁判を起こすことになりますし、もしも引下げが実際に必要であったならば裁判で解雇は有効と判断されるリスクもあります。そうなると困るのでみなさんが

引下げに同意すると解雇は回避されますが、もしも実際には 600 万円まで引き下げる必要がなかったのであれば（それが後になってわかっても）、引下げに同意してしまったので後のまつりということにもなります。一体どうしたらよいのでしょうか。

　個別合意で決定された労働条件であって就業規則による変更が予定されていないものは個別合意によってしか変更ないし引下げはできません。たとえば、合意によって決定された年俸額とか個別合意によって限定された勤務地や職種とかがそのような労働条件にあたります。そのような労働条件を変更する必要が出てきた場合、たとえば経営危機による年俸額引下げの必要性が生じたとか、勤務場所や職種が廃止されたなどのケースで、労働者が年俸額引下げや勤務場所・職種の変更に同意すればよいのですが、労働者が同意しないと雇用の継続が困難になります。そこで、問題を解決すべく使用者が労働者に変更ないし引下げか、あるいは解雇かの二者択一を迫ることが問題になります。これを労働条件変更のための解雇、つまり変更解約告知といいます。変更解約告知のタイプとしては、①使用者が解雇を行うと同時に変更されたあるいは引き下げられた労働条件で新労働契約の締結を申し込む解雇・新契約申込型、②労働者の変更承諾を解除条件とするあるいは労働者の変更拒否を停止条件とする条件付解雇がなされる変更申込・条件付解雇型、③まず使用者が変更を申し込み、それが拒否されると解雇を行う変更申込先行・解雇型の 3 つがあります。

　このような変更解約告知を認めるかどうかについては、判例・学説で議論がありますが、もしも認めるとなると、「労働者の職務、勤務場所、賃金及び労働時間等の労働条件の変更が会社業務の運営にとって必要不可欠であり、その必要性が労働条件の変更によって労働者が受ける不利益を上回っていて、労働条件の変更をともなう新契約締結の申込みがそれに応じない場合の解雇を正当化するに足りるやむを得ないものと認められ、かつ、解雇を回避するための努力が十分に尽くされているときは、会社は新契約締結の申込みに応じない労働者を解雇することができるものと解するのが相当である」（スカンジナビア航空事件・東京地決平 7・4・13 労判 675 号 13 頁）といった要件によってその適法性を吟味する必要が出てきます（ちなみに、これは、当然、労

働契約法 16 条の適用という形をとります）。

　なお、ドイツでは法律によって変更解約告知の場合には承諾か解雇か以外の第 3 の選択肢として留保付承諾というものが認められています。つまり、労働条件の変更に納得できない労働者がその旨を留保して承諾を行うことができ、労働者は一応は変更されたあるいは引き下げられた労働条件で働くものの、その後、労働者が裁判所に労働条件変更の相当性の判断を仰ぎ、相当性があると判断されれば（仕方がないということで）労働条件はそのまま変更されあるいは引き下げられますが、相当性がないと判断されるともとの労働条件で雇用を継続することができます。このような留保付承諾が認められれば労働者は究極の選択を迫られることなしに、安心して働くことができるといえます。そこで、わが国でも法律はないのですが解釈論によってこれを認めるべきではないかということが学説・裁判例で議論されています（肯定した裁判例として、日本ヒルトン事件・東京地判平 14・3・11 労判 825 号 13 頁、否定した裁判例として、日本ヒルトン事件・東京高判平 14・11・26 労判 843 号 20 頁があります）。ただ、留保付承諾を認めるためには民法 528 条が「承諾者が、申込みに条件を付し、その他変更を加えてこれを承諾したときは、その申込みの拒絶とともに新たな申込みをしたものとみなす。」（つまり、留保付承諾をすれば拒絶とみなす）と規定しているのをどうクリアするかが大きな問題となります。留保付承諾を認める学説は、たとえば、この民法 528 条は新たに契約を締結するときの規定であって労働契約の変更には適用されないなどと解する試みを示しています。

退職の誘導と追い出し行為

　解雇が有効かどうかの判断は非常に厳格になされ、なかなか有効とは認められないことは既に見たとおりです。そこで、リストラの一環として、使用者によって労働者に自主的な退職を促す退職勧奨（つまり、いわゆる肩たたきです）がなされることがあります。ソフトにかつフェアになされる限り使用者が退職勧奨を行うことは認められます。しかし、それが行き過ぎたり労働者の人格を傷つけるような形でなされることは許されず、場合によっては不法行為を構成します（下関商業高校事件・最一小判昭 55・7・10 労判 345 号 20

頁）。

　また、もっとひどく、使用者が陰湿・陰険ないじめや職場八部や仕事はずしや追い出し部屋への追いやりなどの追い出し行為（不当な圧力・退職誘導行為）によって（じわじわと）労働者を退職に追い込もう（つまり、労働者に辞職の意思表示をさせるか合意解約の申込みをさせよう）とし、その結果、実際に（こらえきれずに）労働者が辞めてしまうというような由々しき事態も、今日、多くの企業でみられます（ときには社会問題にもなっています）。荒手のリストラといってよいでしょう。労働者は（根負けして）辞めてしまったら終わりなのでしょうか。確かに、この場合、労働者の方から辞めると言っているのですから解雇には当たりません（退職は辞職か合意解約ということになります）。したがって、労働契約法16条は適用できません。しかし、労働者が辞めたのは使用者側の追い出し行為によるものです。それがなければそもそも労働者は辞めてはいなかったのです。そこで、このような場合には追い出し行為は職場環境配慮義務に違反すると考えられることになるため、債務不履行ないし不法行為の責任が使用者に生じ、労働者は慰謝料のみならず逸失利益（辞めなければ一定期間勤めていたであろう分の給料に相当する額の損害の賠償）を請求することができます（京都セクシュアル・ハラスメント（呉服販売会社）事件・京都地判平9・4・17労判716号49頁、エフピコ事件・水戸地下妻支判平11・6・15労判763号7頁）。また、この場合には労働者の退職は解雇ではないけれども使用者の追い出し行為によるもので実質的には解雇に当たるとして、これを準解雇ないしみなし解雇と解し、労働者の退職の意思表示（辞職の意思表示ないし合意解約の申込み）を無効とする主張も有力に唱えられています。ちなみに、筆者の考えは、真意でない意思表示を相手方が知っていたか知りうる場合には当該意思表示を無効とする旨を定めた民法93条1項但書を類推適用して、いじめ等の追い出し行為（職場環境配慮義務違反）がなかったならば労働者は辞めておらず、したがって本当ならば辞めたくなかったのであり（不本意性）、使用者もそれを知っていたか知りえた場合には、労働者の退職の意思表示を無効として、従業員としての地位確認を認めるというものです。

有期労働契約の終了

有期労働契約は契約期間を定めたものですから、期間がきたら自動的に終了します（これを有期労働契約の自動終了機能といいます）。決して解雇ではありません。たとえば、大学生が夏休みの2か月間アルバイトをするという契約を結べば、2か月がたてばそれで契約は終わってしまうのです。ただ、期間満了後も雇用が継続することがありますが、これは「もう一度契約を結ぼう」ということで当事者が改めて有期労働契約を更新したからです。しかし、更新と雇用終了をめぐっては次項でみるような問題があります。

更新拒絶（雇止め）に対する保護と無期転換

既に見たように、解雇を行うことは使用者にとってなかなか難しくなっています。そこで、使用者は期間の定めのある契約（たとえば、2か月契約といった短い期間の契約）で労働者を雇い、期間が来てもハイさようならということにはならずに、このような契約を何回も繰り返し更新し（場合によっては何十年と続くこともありますが、1回1回の契約は相変わらず2か月のままという状態です）、必要がなくなると、あなたとの契約は今度の期間切れ（たとえば、2か月後）でおしまいにしてもう新しい契約はしませんよという事例が企業においてよく見られます（これを更新拒絶ないし雇止めといいます）。しかし、労働者にとっては更新拒絶ないし雇止めによって有期とはいえこれまで長い間続いてきた雇用が突然打ち切られてしまうので、契約の自動終了というよりはむしろクビ切りと同じだと感じられることでしょう。では、こんな場合、何とか労働者を救う方法はないのでしょうか。

この問題について、裁判所は、1回1回の契約が期間で区切られてきているような場合でも、①有期契約が反復更新されて、期間の定めのない契約と実質的に異ならない状態になっている（つまり、期間が形骸化している）場合（実質無期型）とか、②（反復更新により、あるいは当初から）ある程度の雇用継続の合理的期待がある場合（期待保護型）には雇止めに解雇権濫用法理が類推適用されるとして、労働者保護をはかる法理を展開してきました（東芝柳町工場事件・最一小判昭49・7・22民集28巻5号927頁、日立メディコ事件・最一小判昭61・12・4判時1221号134頁）。そして、これが確立された判例法理

となり、現在では労働契約法19条で条文の形で確認されています。つまり、実質無期型（19条1号）ないし期待保護型（19条2号）の場合には、解雇に準ずる合理性と相当性がなければ雇止めは有効とは認められず労働者が申込みをすれば同一の条件で更新されたものとして有期労働契約は続いていることになるのです。コロナ禍での雇止めにもこの規定が適用されることはいうまでもありません（したがって、そう簡単には雇止めできません）。

　また、有期労働契約が反復更新され通算して期間が5年を超えた場合には労働者に無期転換申込権が与えられ、労働者が有期労働契約の期間中に申込権を行使すれば別段の定めがある場合を除きそれまでと同一の労働条件で無期契約に転換することが認められています（労働契約法18条）。ただ、無期転換するといっても期間の定めがなくなるだけで（つまり、定年まで勤めることができるだけで）正社員となるわけではなくあくまで従来と同一の労働条件（したがって、職種や職務内容も同一）であるという点に注意する必要があります。ちなみに、無期転換ルールには原則6か月のクーリング期間によるリセットの仕組みがあり、契約と契約の間が6か月以上空けば契約期間は通算されません。なお、労働契約法19条と18条が相まって効果を発揮する場合があり、期間が通算して5年を超えていなくても19条で雇止めが認められず、その結果、更新が続くこととなって期間が通算して5年を超え18条で無期転換が認められるというケースも考えられます。

　なお、労働契約法18条や19条の適用を回避するために、更新手続のときに、使用者が労働者に対して今回の更新で契約は終了しもう次回から更新しないとか更新はあと数回（あるいはある一定期間）しかしないという不更新条項や更新限度条項の入った有期労働契約の契約書に同意することを求め（とにかく、労働者がそれに同意しないともはや契約はそれで更新されないのであり、これはいわば拒否していま契約を終了させるかあるいは同意してあと数回で契約を終了させるかの選択を労働者に迫ることになる点に注意してください）、その結果、合意どおりということで次回に契約が更新されなかったり一定回数（あるいは一定期間）で更新が打ち止めとなったりするということが大きな社会問題となっています。これについてどう考えるかは難問であり、議論や見解が錯綜しています。

労働関係終了後の保護

　労働者が、退職の場合において、使用期間、業務の種類、その事業における地位、賃金または退職の事由（解雇の場合はその理由を含みます）について証明書を請求した場合においては、使用者は、遅滞なくこれを交付しなければならず、証明書には、労働者の請求しない事項を記入してはいけません。なお、解雇理由証明書については解雇予告期間中でも労働者は請求することができます。また、「使用者は、あらかじめ第三者と謀り、労働者の就業を妨げることを目的として、労働者の国籍、信条、社会的身分若しくは労働組合運動に関する通信をし、又は第 1 項及び第 2 項の証明書に秘密の記号を記入してはならない。」とされています。これをブラックリストの禁止といいます。以上は労働基準法 22 条が定めているのですが、これは前歴証明ということで労働者の再就職を有利にしたり、解雇理由をはっきりさせることで労働者が解雇無効の裁判を起こすことを容易にしたり、ブラックリストを禁止して労働者を労働市場から排除することを防止したりすることを目的とするといえます。

　そして、使用者は、労働者の死亡または退職の場合において、権利者の請求があった場合においては、7 日以内に賃金を支払い、積立金、保証金、貯蓄金その他名称のいかんを問わず、労働者の権利に属する金品を返還しなければならないとされています（労働基準法 23 条）。

転職でのトラブル

　労働者が 1 社との労働関係を終えたとしても、その後、また他の会社に転職したり再就職することがあります。そういったときに一定のトラブルが生じるおそれがあり、注意する必要があります。

　まず、企業の利益を守るという観点から労働者の競業避止義務（ライバル会社に雇われたりライバル事業を自分で行ったりすることを差し控える義務）や秘密保持義務が問題となる場合があります。これらについては退職後に労働者に義務を課すのでその旨の特約（合意）が必要です（ただ一定の企業秘密については特約がなくとも不正競争防止法が制限をかけています）が、特に競業避止義務については労働者の職業選択の自由（憲法 22 条 1 項）との関係で合理性

が求められます（制限は合理的な範囲でなければならないことになります）。具体的には、競業避止の特約が合理的かどうかは、制限の必要性の有無、制限の期間、場所的範囲、対象職種の範囲、代償措置の有無などを考慮して判断されます（フォセコ・ジャパン・リミテッド事件・奈良地判昭45・10・23判時624号78頁）。合理性がないと社会的妥当性を欠き公序良俗違反（民法90条）と判断され特約は無効となります。特約が有効であれば労働者の義務違反の場合には使用者は損害賠償請求や差止請求を行うことができます。ちなみに、特約がない場合は、もと雇っていた労働者の競業行為は自由競争の範囲内であれば何ら問題はありません（三佳テック事件・最一小判平22・3・25民集64巻2号562頁）。

　また、自分が退職するときに同僚や部下を引き抜くことは転職の勧誘程度のものであれば原則として許されますが、それがあまりにもひどいやり方の場合（方法や態様が悪質で「転職の勧誘の域を越え、社会的相当性を逸脱し極めて背信的方法で行われた場合」）は不法行為となります（ラクソン事件・東京地判平3・2・25労判588号74頁）。

第3章　労働条件の基本的保護

1　労働基準法など労働条件保護法の仕組み

労働条件保護の基本法としての労働基準法

　これまで第2章ではみなさんのワーキングライフの始めから終わりまでの労働契約の展開過程を法的観点から見てきましたが、ここからは視点を変えて労働契約の中身である労働条件はどうやって法的に保護されるのかについて論じてみましょう。

　みなさんの労働条件を守り保護する法律の中で一番基本的かつ重要な法律が労働基準法と呼ばれる法律です。ですから労働基準法がどのようにしてみなさんの労働条件を保護してくれるのか、その基本的仕組みを知っておくことが大切となります。

①　契約の最低基準を保護する効力（労働基準法13条）

　労働基準法は全国一律の労働条件の最低基準（譲れない一線）を定める法律ですから、これを下回ることはできず、もしも下回る労働条件を決めた場合にはその契約の部分は無効となります（強行的効力）。そして、その代わりに労働基準法の基準が契約内容となります（直律的効力）。たとえば、労働基準法32条2項は1日8時間労働の原則（法定労働時間）を定めていますが、労働契約で労働時間を1日10時間と決めてもその部分は無効となり契約内容は労働基準法通り1日8時間となります。つまり、労働基準法の定める労働条件が契約をする際の最低条件となるのです。なお、この場合、契約で賃金1日1万円となっているとすると、それが時間給でない限り賃金は影響を受けず1万円のままであるということに注意する必要があります。

②　付加金（労働基準法114条）

　労働基準法が使用者に労働者に対して一定の場合に支払うことを義務づけ

ているお金（具体的には、20条の解雇予告手当、26条の休業手当、37条の時間外・休日・深夜労働の割増賃金、39条9項の年休の賃金です）を支払わなかったならば、労働者は使用者を裁判所に訴えて付加金を付けて倍にして払えという判決をもらうことができます。つまり、違反して倍払わされるぐらいなら違反せずにもともとの金額を払っておこうというように使用者をもっていこうとするのがその趣旨です。これは一種の民事罰であると解されています。

③　刑罰（労働基準法117条以下）

労働基準法はその多くの条文に罰則が付いており、違反すると使用者には刑罰が科せられます。つまり、労働基準法は刑法と同じで違反すると犯罪になるので違反はやめなさいということなのです。本書でも各所で労働基準法の規定を引用していますが、そのほとんどに罰則が付いています。

④　労働基準監督行政（労働基準法96条以下）

労働基準監督署に専門の労働基準監督官を置いて事業場で労働条件が守られるように国が行政監督を行っています。労働基準監督官はみなさんを守る労働Gメンなのです。なお、労働基準監督官が踏み込むまでなかなか待ってはいられませんので、みなさんには労働基準監督官に対する使用者の労働基準法違反についての申告権が認められています。そして、みなさんが申告したからといって不利益に取り扱うこと（たとえば、御上にタレこみやがってということで左遷したり、賃下げしたり、解雇したりすること）が使用者に禁止されています（労働基準法104条）。また、使用者が不利益取扱いの禁止に違反した場合には刑罰が科せられます。

ちなみに、そうはいっても労働基準監督官は数が少なく十分に目を光らせて監督を行うことができない状態にあるのが実情であり（これが各企業が労働基準法を守らず労基法違反が蔓延する理由の1つともなっているといえます）、改善が望まれます。

2　労働基準法の理念・基本原則

労働者保護法の基本理念

以上のような仕組みをもった労働基準法の目的・理念とはどのようなもの

でしょうか。労働基準法の1条と2条がそれを明らかにしています。

①　労働基準法1条の理念

労働基準法1条1項は、「労働条件は、労働者が人たるに値する生活を営むための必要を充たすべきものでなければならない」という労働条件の原則を規定しています。これは憲法25条の生存権の理念を労働関係において実現しようとする趣旨です。かつて労働者が低賃金で長時間労働をさせられたりして過酷な労働条件のもとで生存権が侵害されてきたという事実が広く見られましたが、こういった過去の事実を反省してこのような理念がうたわれた次第です。2項はこれを受けて労働基準法の労働条件は最低基準であるから労働関係の当事者は（各企業の実情に応じて）その向上に努めなければならないと述べています。

②　労働基準法2条の理念

労働基準法2条1項は「労働条件は、労働者と使用者が、対等の立場において決定すべきものである」と規定しています（労働条件労使対等決定の原則）。つまり、いくら労働者に比べて強い立場にあるからといって企業は労働者を無視したり軽視したりすることなしに対等の契約相手として扱わなければならないという労使の実質的対等の理念をうたっているのです（ちなみに、労働契約法3条1項でも同じことがうたわれています）。これを受けて、2項では、使用者は約束を破ってはならず、労使それぞれが契約相手として労働協約・就業規則・労働契約で定められたことは誠実にキチンと守りなさいとしています。ちなみに、労働契約法に関して既に述べたように、労働条件労使対等決定の原則は、労働契約書や就業規則の合理的限定解釈の基礎ないし根拠をなしているといえます。

3　職場における人権の保護

労働基準法による労働者の人権保護

労働基準法は既に第2章で契約期間や労働契約締結の規制に関して見たように14条から18条において労働者の退職の自由や人身の自由を保護しようとしていますが、これは憲法18条の人身の自由を雇用の場面で実現しようと

したものです。労働基準法はそれ以外にも次のようにその冒頭(特に1条から7条までを労働憲章と呼びます)にいくつかの規定を置いて企業におけるみなさんの人権保障をはかっています。

①　均等待遇の原則（労働基準法3条）

　使用者は労働者の国籍・信条・社会的身分を理由として労働条件を差別してはいけません。これらはいずれも労働者の労働能力とは無関係であるとともに、労働者の意思ではどうにもならない事項かあるいは労働者の人格の核心・アイデンティティに関わる事項ですので、正面から差別が禁止されているわけです。憲法14条の法の下の平等を労働関係で具体化することを目的としています。では、なぜ、憲法14条にはある性別による差別の禁止がここに入らなかったのかといえば、労働基準法は、制定当時、その第6章において女子労働者に対して時間外労働の制限や深夜労働・休日労働・坑内労働の禁止など特別の保護を設けていたので、それを考慮してのことであると解されています（一方で手厚く女子労働者を保護しておきながら、他方で労働条件を男子と平等にしろとは矛盾するではないかとの批判を避けるためといってもよいと思われます）。しかし、賃金のみは重要な労働条件であるとして4条で男女差別が禁止されることになりました。なお、この3条で問題となる労働条件には採用は含まれないとするのが通説・判例（三菱樹脂事件・最大判昭48・12・12民集27巻11号1536頁）の立場ですが、解雇や退職は含まれます。

　信条とは政治的信条のみならず宗教的信条やその他の信条（ものの考え方）も含まれます。社会的身分とは家柄などの人の社会的評価のことですが、先天的なものに限るとする説と後天的なものも含まれるとする説が対立しています（前者が通説です）。人種もこれに含まれると解されています（人種も国籍に含まれるとする説や人種は労働基準法3条の差別禁止事由には該当しないがこれに基づく差別は公序良俗違反となるという説もあります）。なお、近年、わが国においても多くの外国人労働者が働いており、(不法就労外国人も含めて)外国人労働者にも労働基準法が適用されますから、国籍による差別を禁止するこの3条が重要な意味を持っている点に注意する必要があります。

②　男女同一賃金の原則（労働基準法4条）

　使用者は男女賃金差別を行ってはいけません。基本給だけではなく各種手

当やボーナス、退職金も差別禁止の対象となります。女性に不利な差別のみ
ならず有利な取扱いも禁止されます（たとえば、結婚退社する女性従業員に対し
てのみ退職金を割り増すことなど）。なお、女性は一般的、平均的に能率が悪い
とか、勤続年数が短いといったステレオタイプに基づく一般的観念を理由と
する差別的取扱いは本条違反となりますが、実際の具体的な職務・能率・技
能・勤続年数などに基づく格差は必ずしも本条に違反しません。つまり、個
別具体的に、実際に、勤務成績、能力、学歴、勤務年数などに基づく格差が
生ずることは認められることになります。

　この労働基準法４条の規定も憲法14条を踏まえてのものですが、賃金以外
の労働条件の男女差別については、労働基準法が規定していないとはいえ許
されないという考え方がもとから強く一般的であり、その他の差別に対して
はかつて判例法理（憲法14条を民法90条を使って間接適用し差別を公序良俗違
反とする男女平等取扱い法理）に処理が委ねられていました（代表例として、女
子結婚退職制を違法とした、住友セメント事件・東京地判昭41・12・20労民17巻
6号1407頁、女子差別定年制を違法とした、日産自動車事件・最三小判昭56・3・
24判時998号3頁などがあります）。しかし、現在では、あとで詳しく述べるよ
うに、制定法である男女雇用機会均等法（1985年成立）がそれを広くカバー
しています。

　なお、従来、労働基準法４条は男女同一労働同一賃金の原則を定めたもの
であると解されてきましたが、同一労働ではなくとも同一価値労働であれば
同一賃金を支払うべきではないかと考えられます。つまり、経理課と人事課
ではやっている仕事は違いますが価値的には同じだという場合には同じ給料
を払わないとおかしいですよね。確かに、わが国ではいまだ広く年功賃金制
がみられこれと同一価値労働同一賃金原則（あるいはそもそも同一労働同一賃
金原則）は相容れないという見解も存しますが、同じ年功（あるいは学卒同期
入社や同年齢）の者同士などであれば男女同一価値労働同一賃金の原則はあて
はまる可能性を有しているのではないでしょうか（なお、日ソ図書事件・東京
地判平4・8・27労判611号10頁が、女性労働者の賃金差別の判断につき「男子社
員と質及び量において同等の労働に従事するようになった」ことを重視しているの
が男女同一価値労働同一賃金という観点から注目されます）。

　この労働基準法 4 条に違反する賃金差別の事例では賃金の差額請求か差額相当分の損害賠償請求が可能です。一般的にいえば、①同期や同年齢の男性の賃金の平均が明らかな場合には労働基準法 4 条・13 条（の類推適用）によりそれが労働契約内容となり、あるいは②就業規則上の賃金基準が問題となる場合には労働基準法 4 条・13 条により就業規則の差別的基準が無効となって男性の基準が従業員の賃金基準となり、賃金差別を受けた女性労働者は差額賃金を請求することができると解されていますが、③賃金基準が明確でなく賃金額の決定に使用者の意思表示が必要な場合には不法行為（民法 709 条）に基づく差額相当分の損害賠償請求を行うことになります。

③　強制労働の禁止（労働基準法 5 条）

　労働基準法 5 条は「使用者は、暴行、脅迫、監禁その他精神又は身体の自由を不当に拘束する手段によつて、労働者の意思に反して労働を強制してはならない。」と規定しています。憲法 18 条の人身の自由の保障を受けての規定です。戦前の悪弊を除去するという意味合いもあります。暴行、脅迫、監禁といった実力手段に限られず「その他」の手段、たとえば精神的圧迫なども含まれる点に注意する必要があります。違反には労働基準法で一番重い刑罰（1 年以上 10 年以下の懲役または 20 万円以上 300 万円以下の罰金）が科せられます（労働基準法 117 条）。

④　中間搾取の禁止（労働基準法 6 条）

　労働基準法 6 条は、「何人も、法律に基いて許される場合の外、業として他人の就業に介入して利益を得てはならない。」と規定しています。要するに使用者をはじめとする関係者によるピンハネの禁止です。オヤブンがコブンを強制労働させて金を巻き上げることも禁止の趣旨に含まれています。これによって前近代的な労働関係を排除しようとしているのです。

⑤　公民権行使の保障（労働基準法 7 条）

　労働基準法 7 条は、選挙に投票に行ったり立候補したり、あるいは裁判員として裁判員裁判に参加したりなど憲法がみなさんに国政に参加したり公の職務を遂行する権利を保障しているのを会社のお勤めがじゃますることがないようにとの考慮から、使用者に必要な時間を与える義務を課しています。ただし、使用者は、権利の行使または公の職務の執行に妨げがない限り、請

求された時刻を変更することができることになっています。たとえば、労働者が選挙の投票に行くため午後の時間を欲しいと請求したけれども、使用者は「午後は忙しいから午前中にしてくれ」ということができるのです。なお、労働基準法は労働時間を与える義務を使用者に課すだけで、その分の賃金まで保障しろとは言っていません。

その他の人権保障

労働基準法は1947年にできた古い法律なので、人権保護の規定は十分ではありません。労働基準法全体が労働者の生存権を保障することを目的とすることはいうまでもありませんが、加えて、労働関係において法の下の平等を実現するとともに退職の自由・人身の自由や公民権を保護しようとの観点から若干の人権保護規定（これまで見てきた労働基準法3条から7条がそれにあたります）を置いたものの、それら以外の人権、たとえば表現の自由、職業選択の自由、プライバシー権などには目を向けてはいません。そして、その後においても、企業における労働者の人権一般を保護する法律は制定されていません。しかし、企業は社会的権力ともいうべき存在であって、その内部において常に人権侵害のおそれがあります。

では労働基準法に規定のないパワハラや企業内いじめ（これも個人の尊重に根差す人格権というみなさんの重要な権利の侵害になります）や人権侵害の問題についてはどうすればよいのでしょうか。私人間で一般的に適用される法律である民法には私人間で社会的妥当性を欠く行為や違法なことや権利侵害をしてはいけませんということを定めた規定（民法90条の公序良俗違反、709条の不法行為）があります。そこで、企業がみなさんに人権侵害を行うと基本的にこれらの民法の規定に該当するとしてチェックをかけます。これを憲法の人権規定の間接適用といいます（通常は、企業による人権侵害は公序良俗違反で違法であって不法行為を構成するという形をとりますが、直接不法行為で対処する場合もあります）。

ここでは重要ですので労働者のプライバシー権を取り上げて見ておきましょう。プライバシー権は憲法13条の幸福追求権に含まれる権利です。ですから、使用者は労働者のプライバシーを侵害してはならず、もしも侵害した

場合には公序良俗違反として不法行為を構成し労働者に損害賠償をしなければなりません（関西電力事件・最三小判平7・9・5労判680号28頁）。また、たとえば、HIV に感染しているかどうかはプライバシーに属する事柄なので、検査を行うためには、①必要性が存することとともに、②労働者本人の同意が必要となります(HIV 千葉解雇事件・千葉地判平12・6・12労判785号10頁)。したがって、使用者が無断で勝手に HIV 検査を行えばプライバシー権の侵害となり、労働者は使用者に対して損害賠償を請求することができます（東京都（警察学校・警察病院 HIV 検査）事件・東京地判平15・5・28労判852号11頁）。ちなみに、企業への有害物持ち込み禁止の必要や企業からの禁止品・危険物の持ち出しのおそれがあるなど場合には、身体検査やカバンなどの所持品検査をする必要があるといえます。しかし、これは労働者のプライバシーを侵害することにもつながりかねません。そこで、裁判所は次のような身体検査や所持品検査が許されるためのルールを示し、必要がある場合であってもできる限り企業からみなさんを保護しようとしています（西鉄事件・最二小判昭43・8・2民集22巻8号1603頁）。すなわち、就業規則、労働契約などにおける明示の根拠（みなさんと企業との関係は契約関係ですから契約で決めておくのは当然です）、所持品検査を必要とする合理的理由（理由もないのにやってはいけません）、方法と程度の一般的妥当性（やりかたも裸になれとかカバンのチャックをあけて見せろとはいえずにせいぜいのところ体やカバンの上からさわってチェックするのが限度と思われます）、制度として従業員への画一実施（あいつは怪しいといって特定の人だけやるのはだめで、「検査は社長から平社員までみんな平等にしてよ！」ということです）などが求められるのです。

4　雇用における平等

企業の組織的集団的性格と平等の必要性

　企業はたくさんの人を雇っています（労働契約の組織的集団的性格）から、これら多くの従業員を平等に取り扱い公正に処遇することが求められます。以下では平等や公正処遇に関わる重要問題について見ていきましょう。

雇用における男女の平等——男女雇用機会均等法——

　労働基準法が男女平等を規定しているのは賃金（労働基準法4条）だけですから、それ以外の雇用や労働条件をめぐる問題は男女雇用機会均等法が性差別禁止法としてカバーすることになります。なお、男女雇用機会均等法は性差別禁止法ですから女性に対する差別だけではなく男性に対する差別も禁止の対象としている点に注意してください。ちなみに、男女雇用機会均等法が成立したのは（労働基準法が制定されてから38年がたった）1985年のことで、当初は女性のみに目を向ける「片面的」な法律でしたが、ようやく2006年の改正で男性に対する差別も対象とする性差別禁止法となりました。

　さて、具体的には、募集・採用（5条）、配置・昇進・降格・教育訓練、福利厚生、職種及び雇用形態の変更、退職勧奨・定年・解雇・労働契約の更新（6条）につき性差別（男女差別）が禁止されています。また、合理的な理由がある場合は別として、省令で規定されたもの（①募集または採用における身長、体重または体力要件、②募集、採用、昇進、職種の変更における全国転勤に応じることの要件、③昇進における転勤経験要件）については間接差別も禁止の対象となっています（7条）。ちなみに、間接差別とは、挙げられた基準や条件が一見性中立的なものですが、それが一方の性に大きな影響を与え、それを付することに合理的な理由の存しない場合をいいます。たとえば、平均すれば男性の方が女性よりも身長が高いですから、募集・採用条件に合理的な理由もなしに一定以上の身長とするという条件を付ければ、多くの女性が排除されることになるのはわかりますよね。

　なお、9条は婚姻、妊娠、出産等を理由とする不利益の禁止等ということで、1項が女性労働者の婚姻、妊娠、出産を退職理由とする定めの禁止、2項が女性労働者の婚姻を理由とする解雇の禁止、3項が女性労働者の妊娠、出産、産前休業の請求、産前・産後休業の取得、その他の妊娠・出産に関する事由で厚生労働省令で定めるもの（軽易業務への転換など）を理由とする不利益取扱いの禁止、4項が妊娠中の女性および出産後1年を経過しない女性労働者に対する解雇の無効（事業主が3項の事由によるものではないことを証明した場合は別）という女性労働者のみを対象とする規定を置いています（9条3項に関する重要判例として、広島中央保健生活協同組合事件・最一小判平26・

10・23労判1100号5頁がありますが、この事件は、妊娠にともない労働基準法65条3項に基づき軽易業務への転換を希望した理学療法士がそれを機に副主任を免ぜられ、出産後に職場復帰しても再び副主任に任ぜられることがなかったことが禁止される違法な不利益にあたると判断されたもので、広島マタハラ訴訟として注目を浴びました）。

　以上の差別禁止については厚生労働大臣が事業主が対処するための指針（ガイドライン）を策定することになっています（10条）。

　ちなみに、男女平等を目指す以上、女性を男性より有利に取り扱うことも禁止されますが、これまでに存在していた男女格差を解消するための女性優遇措置（これはポジティブアクション＝積極的格差是正措置と呼ばれ、たとえば、女性の課長が極端に少ない場合に、課長昇進試験前に女性だけを集めて試験対策の研修や特訓をやるといったことなどです）を使用者が行うこと（ただし努力義務にとどまっています）は認められ（8条）、国もこれを援助することになっています（14条）。なお、2015年には女性活躍推進法も制定されています。

　なお、男女雇用機会均等法が規定する差別の禁止等の強行規定に違反すれば不法行為となり、差別された労働者は損害賠償を請求することができます。しかし、差別がなかったであろう状態にしてくれという請求（たとえば、雇えとか昇進・昇格させろとかいった請求）まではできません。したがって、この点において男女雇用機会均等法はいまだ実効性に欠けているということができます。今後さらに実効的な救済措置を設けることが望まれるところです。ちなみに、アメリカの性差別禁止をはかる法律（公民権法第7編）には実効的な救済措置が設けられており、効果が上がっていることが参照されるべきでしょう。

セクハラ（およびその他のハラスメント）

　セクハラはいまやわが国において大きな社会問題となっています。性的嫌がらせ、つまり社会通念上相当な範囲を超える（社会的・一般的にみて許されると考えられる一線・限度を超えていると考えられる）相手方の意に反する性的な言動をセクハラ（セクシュアル・ハラスメント）といいますが、これについては、男女雇用機会均等法11条が使用者にセクハラが起きないように措置す

べき義務を課し、厚生労働大臣がそのための行政指導のガイドラインを定め
ることとしています。なお、セクハラには、上司が部下に利益を与えるかあ
るいは不利益を与えない代償・対価として性的行為を要求する（そして、それ
が拒否されると不利益を加える）代償型ないし対価型と上司・同僚・部下など
が性的な言動により職場環境を悪化させる環境型ないし職場環境型の2種類
があり、男女とも被害者・加害者になりうる点に注意する必要があります
し、同性が同性に対してセクハラを行うといった事態も考えられます。また、
触る等の行為だけではなく卑猥な話をするなど言葉による場合もセクハラと
なる可能性があります。しかし、使用者の防止措置にもかかわらず不幸にし
てセクハラが起きてしまった場合には、被害者は人格権侵害、性的自由・自
己決定の侵害、快適な職場環境で働く利益の侵害などを理由（被侵害利益）と
する不法行為や職場環境配慮義務違反の債務不履行に該当するとして加害者
や会社を相手に訴えて慰謝料などの損害賠償を請求することになります（不
法行為の事件として、福岡セクシュアル・ハラスメント（丙企画）事件・福岡地判
平4・4・16労判607号6頁など、債務不履行の事件として、京都セクシュアル・
ハラスメント（呉服販売会社）事件・京都地判平9・4・17労判716号49頁などが
あります）。なお、不法行為の場合は加害者本人に対しては民法709条、使用
者（会社）に対しては使用者責任を定める民法715条1項を根拠にして損害
賠償請求を行いますが、債務不履行（労働契約上の義務違反）を理由とする場
合は契約相手は使用者（会社）ですから使用者（会社）を相手に民法415条を
根拠に損害賠償請求を行うことになります。

　なお、ここで男女雇用の平等からは離れますが、セクハラを論じたついで
にその他のハラスメントについて述べておきましょう。代表的なものは、上
司によって権限行使にかこつけて（適正なあるいは社会通念上相当な権限行使の
範囲を超えて）暴言や暴行などが行われるパワハラ（パワー・ハラスメント）や
同僚などによってなされる職場いじめなどで、社会的にも注目を浴びていま
す。これらのハラスメントもセクハラと同様に人格権侵害の不法行為や職場
環境配慮義務違反の債務不履行を理由として加害者や使用者に損害賠償を請
求することになります（パワハラの代表例として、ザ・ウィンザー・ホテルズイ
ンターナショナル（自然退職）事件・東京高判平25・2・27労判1072号5頁、フ

クダ電子長野販売事件・東京高判平 29・10・18 労経速 2332 号 16 頁、職場いじめ
の代表例として、エフピコ事件・水戸地下妻支判平 11・6・15 労判 763 号 7 頁）。
ただ、パワハラは通常、上司が指導・注意・訓示・教育などを行う権限を
持っていますので適正な権限行使との区別が困難な側面がある（したがって、
パワハラが成立したかどうかの判断が微妙となる）という点に注意する必要があ
ります。とにかく社会通念上相当かどうかが焦点となります。ちなみに、パ
ワハラをめぐっては、近年、大きく社会問題化し深刻な事態も広がっている
ことを踏まえて立法化の動きが見られ、2019 年に労働施策総合推進法に事業
主（使用者）のパワハラ防止に向けた措置義務が設けられました（30 条の 2）。
この立法的規制の実現により、何がパワハラになるかのガイドラインも行政
によって出されることになりましたので、パワハラの概念は一定程度明確に
なると思われます。また、マタハラについては男女雇用機会均等法 11 条の 3
がマタハラが起きないようにする事業主（使用者）の措置義務規定を置いて
います（なお、併せて育児介護休業法 25 条も参照）。

　とにかく、現在、社会で大きな問題となっている職場における各種のハラ
スメントは相手の尊厳や人格を傷つけ、場合によっては心に深く傷跡を残し
ます。行為者も損害賠償請求を受けるにとどまらず懲戒処分が科せられたり
（セクハラに関し懲戒処分が有効とされた例として、海遊館事件・最一小判平 27・
2・26 労判 1109 号 5 頁がありますが、ハラスメントに関しては通例、懲戒解雇や停
職・出勤停止といった重い処分がなされます）、場合によっては刑事罰（強制猥
褻罪、強制性交等罪、強要罪、脅迫罪、暴行罪、侮辱罪、名誉棄損罪など）の対象
になることがあります。ハラスメントは受ける方も行う方もみんなが不幸に
なりますので、決して行ってはなりません。なお、ハラスメントがメンタル
ヘルスを損なわせたり自殺を引き起こしたりすると安全配慮義務違反（川崎
市水道局事件・東京高判平 15・3・25 労判 849 号 87 頁、誠昇会北本共済病院事件・
さいたま地判平 16・9・24 労判 883 号 38 頁、前田道路事件・松山地判平 20・7・1
労判 968 号 37 頁）や労災（国・静岡労基署長事件・東京地判平 19・10・15 労判
950 号 5 頁、名古屋南労基署長事件・名古屋高判平 19・10・31 労判 954 号 31 頁）
の問題が生じることがありますので、この点にも注意する必要があります。

男女雇用機会均等をめぐる紛争解決

　男女差別等で裁判を起こすのは大変です（もちろん裁判を起こすことは可能であることはいうまでもありません）ので、男女雇用機会均等法は、企業の自主解決の努力（15条）、都道府県労働局長による助言・指導・勧告（17条：実際には都道府県労働局に置かれる雇用環境・均等室（部）がその任にあたっています）、紛争調整委員会による調停（18条以下：なお、2006年の改正で、関係当事者の出頭を求め意見を聞くことができること、セクハラを行った者の出頭を求め意見を聞くことができること、見込みがないときの調停打ち切り、調停申請による時効の中断と調停申請時に訴えの提起があったものとのみなし、調停申請がされた場合の訴訟手続の停止などが規定されました）、厚生労働大臣による助言・指導・勧告（29条）などのスピーディーなトラブル解決の仕組みを規定しています。また、厚生労働大臣は均等法違反を是正しなさいとの勧告に従わない企業の名前を一種のペナルティーとして公表することもできることになっています（30条）。また、33条は厚生労働大臣に報告を求められ報告を行わなかったか虚偽の報告を行った事業主に対する20万円以下の過料を規定しています。

高齢者雇用・障害者雇用をめぐる問題

　高齢者雇用については定年制のところで述べたように高年齢者雇用安定法が使用者（事業主）に60歳定年と65歳までの高年齢者雇用確保措置（定年延長、継続雇用制度導入、定年廃止のいずれかを講ずること）の義務づけをしている（8条・9条）ほか、労働者の70歳までの高年齢者就業確保措置努力義務（10条の2）やシルバー人材センターなども含め高齢者の就労の機会をはかる色々な措置を設けています。また、労働施策総合推進法9条が募集・採用に関し年齢差別を禁止しています（ただし、一定の例外があります）。

　障害者雇用については、障害者雇用促進法が、使用者（事業主）に2.3パーセントの雇用率（障害者を雇い入れる比率）を課し、雇用率未達成の企業には障害者雇用納付金を国に支払うように命じています。なお、障害者基本法は、4条1項が一般的観点から、「何人も、障害者に対して、障害を理由として、差別することその他の権利利益を侵害する行為をしてはならない。」と規定するとともに、19条2項が「事業主は、障害者の雇用に関し、その有する能力

を正当に評価し、適切な雇用の機会を確保するとともに、個々の障害者の特性に応じた適正な雇用管理を行うことによりその雇用の安定を図るよう努めなければならない。」と定めています。また、2013 年の改正により、（募集・採用も含め）障害を理由とした差別の禁止、（募集・採用も含め）合理的配慮の提供義務、苦情処理・紛争解決援助、精神障害者の障害者雇用義務対象化の措置が障害者雇用促進法に導入された点が注目されます。

非正規従業員の公正処遇

　非正規労働者についての一般的な法状況は第 2 章の最初のあたりで触れたところですが、重要ですので、ここでは平等や均等・均衡処遇という側面から論点を絞ってもう一度詳しく見ておくことにしましょう。

　これまでパートタイマーなどの非正規従業員の賃金をはじめとする労働条件は正社員に比べ低く抑えられているのが通常でした。そこで、かつて、色々と紛争が起こり、正社員と同じ仕事をしているパートの給料は正社員の 8 割以下ではいけません（公序良俗違反となります）と判示し、正社員の 8 割との賃金差額につき損害賠償請求を認めた裁判例も登場しました（丸子警報器事件・長野地判上田支判平 8・3・15 労判 690 号 32 頁）。つまり、この判決では、正社員と同じ仕事をしているのにパートに対しては給料がその 8 割以下であれば公序良俗違反（民法 90 条）となる、換言すれば社会的妥当性を欠くということで違法とされたのです。これは正面からパートを救済する実効的な法規制が存しない状態のもとでパート労働者を救済した判決として画期的なものであり、大いに世間の注目を浴びました。

　このような判決が出されたことや格差問題の広がりを受けて、近年、一定の法整備が進み、具体的には以下のような法規制が見られるようになりました。

①　有期労働者（2012 年労働契約法改正）

　労働契約法 20 条によって、有期労働者の労働条件に関し、期間の定めがあることによる不合理な労働条件が禁止されました（重要判例として、ハマキョウレックス事件・最二小判平 30・6・1 労判 1179 号 20 頁、長澤運輸事件・最二小判平 30・6・1 労判 1179 号 34 頁、メトロコマース事件・最三小判令 2・10・13 労

判1229号90頁、大阪医科薬科大学事件・最三小判令2・10・13労判1229号77頁、日本郵便（佐賀）事件・最一小判令2・10・15労判1229号5頁、日本郵便（東京）事件・最一小判令2・10・15労判1229号58頁、日本郵便（大阪）事件・最一小判令2・10・15労判1229号67頁があります）。不合理性は、職務内容、職務内容・配置の変更の範囲、その他の事情を考慮して判断されますが、ここでいう不合理な労働条件の禁止とはまったく労働条件を同じにしろということではなくて無期社員と有期社員との間で釣り合いのとれた均衡処遇が求められるということです。釣り合いがとれておらず労働条件が不合理であると判断されると、労働者が使用者に対して損害賠償請求を行うことが認められます。

② パート労働者（2014年パート労働法改正）

パート労働法8条は短時間労働者の待遇の原則として労働契約法20条と同様に職務内容、職務内容・配置の変更の範囲、その他の事情を考慮してパートにつき不合理な労働条件を禁止する（均衡処遇）とともに、パート労働法9条は通常の労働者と同視すべき短時間労働者の均等待遇を定め、職務内容、職務内容・配置の変更の範囲が通常の労働者と同一のパート労働者に対しては正社員との差別を禁止しました（均等処遇ないし均等待遇）。ただし、9条で差別が禁止されるパート労働者の数は極めて少数にとどまり、通常は（多くは）、8条の均衡処遇が問題となりました。

③ 派遣労働者（2012年労働者派遣法改正）

労働者派遣法30条の3（当初は30条の2）が派遣先社員と派遣先労働者との均衡処遇を行うべき派遣元（派遣会社）の努力義務を定めました。

④ 労働契約の一般原則（2007年労働契約法制定）

労働契約法3条2項が労働契約における均衡処遇の努力義務を定めました。これは訓示規定であるとはいえ、重要な理念を述べたものであり、またあらゆる雇用形態を対象としたものです。

⑤ 非正規労働者一般（2015年労働者の職務に応じた待遇の確保等のための施策の推進に関する法律制定）

この法律により派遣を含み非正規労働につき国が調査・研究や対処を行うことが求められています。

⑥　賃金（2007年最低賃金法改正）

かねてより非正規労働者の賃金は最低賃金ぎりぎりというケースが多くなっています。かつては最低賃金が低すぎ、法定労働時間いっぱい働いても生活保護以下となるケースがみられました。それにともない、いわゆるワーキングプアがクローズアップされこれが格差社会を生む一因ともなっているとして社会問題化しました。そこで、このような事態を解消すべく、2007年に最低賃金法が改正され、最低賃金法9条3項が最低賃金の決定にあたり生活保護水準を上回ることを求めることになりました。その結果、現在では、各都道府県において最低賃金は生活保護基準を上回っています。

⑦　働き方改革による同一労働同一賃金（2018年働き方改革関連法成立）

以上が2018年に働き方改革関連法が成立するまでの法状況ですが、働き方改革関連法によりさらに法規制に進展が見られました。まず、パート労働法が改正されてパート・有期労働法となり、対象労働者が有期労働者に広げられるとともに、労働契約法20条が労働契約法から削除されてパート・有期労働法8条に統合されることになりました。また、働き方改革関連法により労働者派遣法も改正され派遣労働者にもパート労働法（パート・有期労働法）8条・9条と同様の規制が及ぼされることになりました（労働者派遣法30条の3・30条の4）。なお、派遣労働者に関する規制は過半数代表との労使協定により適用除外が可能となっています（ただし、一定額以上の賃金の支払が要件となっています）。そして、パート・有期労働法、労働者派遣法において、労働者に対する待遇に関する説明義務が強化され、短時間労働者・有期雇用労働者・派遣労働者について、使用者は、雇入れ時・派遣時に均衡処遇の措置に関する説明を、そして労働者の求めに応じて正規雇用労働者との待遇差の内容・理由等に関する説明を行うことが義務化されました（パート・有期労働法14条、労働者派遣法31条の2）。「どうして自分の労働条件は正社員に比べて低いのか」と非正規労働者が問えば使用者はきちんと説明できないといけないのです。きちんとした説明ができなければ裁判等が起こされることも考えられます。以上が安倍政権の働き方改革が目指した同一労働同一賃金の具体的内容です。

とにかく、正社員もパートなどの非正規社員もみんな従業員であることに

変わりはありませんから、使用者はできる限り公正な処遇を行うよう心がけなければならないといえるでしょう。また、法改正により正規・非正規間で公正処遇を行わなければならないという意識もこれから徐々に社会に広まり定着していくことと考えられます。

5　賃金の法的保護

賃金の法的定義

　働いてお給料をもらうことによってわれわれは生活していますので、給料は重要な労働条件といえます。給料はほかに報酬、俸給、給与など色々な呼び方がありますが、労働基準法 11 条はこれを「賃金」と一括して呼び、「この法律で賃金とは、賃金、給料、手当、賞与その他名称の如何を問わず、労働の対償として使用者が労働者に支払うすべてのものをいう。」と定義しています。賃金かどうかのポイントは労働契約上使用者が支払を労働者に義務づけられているかどうかということになります。この定義にあたれば、毎月の給料だけではなく各種手当やボーナス（賞与・一時金）や退職金なども、そして結婚祝金や弔慰金も賃金として労働基準法の保護を受けます。なお、使用者が支払うものであっても、任意恩恵的給付や福利厚生費や業務費・立替金の支払（実費弁償）などは法的には賃金にあたりません。ちなみに、使用者に支払義務がなければ、結婚祝金や弔慰金はいうまでもなく、退職金やボーナスであっても賃金ではなく、それらの支給は法的には「贈与」（民法 549 条）ということになりますので、注意が必要です。また、飲食店などでチップ代わりに使用者が顧客から集めたサービス料を従業員に分配して支払うよう義務づけられている場合は賃金にあたりますが、顧客が直接従業員に支払うチップは賃金ではありません。ストックオプションも、労働者が権利を行使するか否か、また権利を行使するとしてもいつかがわかりませんので、使用者が労働者に権利を与えることを義務づけられていても（したがって、労働条件ではあっても）賃金にはあたりません（ただ、最高裁は、労働者がストックオプションで得た利益を税法上給与所得と判断しています（荒川税務署長（日本アプライド）事件・最三小判平 17・1・25 労判 885 号 5 頁））。

労働基準法の賃金保護

労働基準法は賃金が確実に労働者の手元にわたるように 24 条で賃金支払に関する次の 4 つの重要な原則を定め保護をはかっています（賃金支払の 4 原則）。

①　賃金通貨払の原則

賃金は日本円でキャッシュ（通貨）でということになります。この原則は、換価が不便で価額が不明瞭であったり給与の実質的切り下げにあたるおそれがあったりする現物給与（トラックシステム）を排除するための規制です。確かに、会社で作っている製品の現物をもらっても困りますよね。しかし、これにも例外があって、法律が認めた場合（ただし、現在、このような法律は存在しません）や労働組合が使用者と結ぶ労働協約でキャッシュ以外のものでもいいよと決めた場合には通貨以外で支払うことが可能となりますし（たとば、使用者と労働組合が合意して労働協約を結び今度のボーナスは車 1 台だよというような場合ですが、通常は電車やバスの通勤定期券の現物支給が問題となり、多くの企業で利用されています）、毎月の給料や退職金の銀行振込なども可能とされています。

②　賃金直接払の原則

これは賃金が直接労働者にわたることで労働者の生活の安定を確保しようとする趣旨で設けられた規制です。たとえ労働者が賃金債権を他人に譲渡した場合であってもこの規制は及び、使用者は賃金を直接労働者本人に支払わなければなりません（小倉電話局事件・最三小判昭 43・3・12 民集 22 巻 3 号 562 頁）。しかし、この原則を厳格に適用するとかえって困ったことになるため、労働者が病気の時などにその家族が使い（これを「使者」といいますが、要は労働者の手足ということです）として給料を受け取りに行くことは許されています。ただし、法律行為（契約）を行う権限を持った「代理」には（使ってしまうといけないので）渡すことはできません（ちなみに、近年は、賃金の銀行振込が普及しているので、実際にこのようなことが問題となる事例は極めて少ないと考えられます）。また、一定限度（具体的には 4 分の 1 の限度）で賃金債権を差し押さえることは可能で、使用者がその分を労働者の賃金債権の差押債権者に支払っても直接払原則の違反にはなりません（国税徴収法 76 条、民事執行法

152 条）。

③　賃金全額払の原則

　全額賃金が労働者に渡ることで労働者の生活の安定を確保しようとする趣旨で設けられた規制です。これは使用者が賃金から天引き（控除）を行うことを禁止するものですが、禁止のなかには使用者から一方的に行う賃金債権を受働債権とする相殺（差引のことですが、たとえば、労働者が会社に 10 万円の損害を負わせたので、今回の給料から 10 万円差し引かせてもらうよといような場合です）も含まれると解されています（ただし、労働者の自由な意思、つまり真意が存する場合には、労使の合意による相殺や労働者の側からする相殺や賃金債権の一方的放棄は可能と解されています：日新製鋼事件・最二小判平 2・11・26 民集 44 巻 8 号 1085 頁、シンガー・ソーイング・メシーン事件・最二小判昭 48・1・17 民集 27 巻 1 号 27 頁）。この原則にも例外があって、法令の定めにより税金や社会保険料等の天引き（控除）は可能となっていますし、使用者が事業場の労働者の過半数代表と労使協定を結んだ場合には使用者は給料から天引きすることができます。多くの会社ではこの労使協定を締結して会社の売店での購買代金や社員食堂の食券代などを給料から控除したりしています。また、計算間違いや支給日直前の欠勤などによる給与の過払の場合に次回以降の給料からその分を差し引く調整的相殺についても、実質的には支払われるべき賃金がすべて支払われることになるため、時期が接着しており、あらかじめ予告がなされ、額も多額にわたらないなど労働者の生活を特段脅かすおそれのないものについては労使協定なしに行うことができるとするのが最高裁の立場です（福島県教組事件・最一小判昭 44・12・18 民集 23 巻 12 号 2495 頁）。

④　賃金毎月 1 回以上定期払の原則

　労働者が規則正しく生活設計ができるように、賃金は毎月 1 回以上、きちんと日を決めて定期的に支払われなければなりません（ただし、毎月月末というような定め方は可能とされています）。ですから、年俸制の場合でも、ボーナス部分を除いて 12 等分して日を決めて毎月支払わなければなりません（したがって、年俸制といってもまとめて 1 年分の賃金が支払われるのではなく、あくまで賃金の年額が決められているだけで、結局は月給制の場合と同様に月々支払われることになります）。ちなみに、毎月第 2 火曜日というような支給日の定めは

最大で7日間のずれが生ずる（つまり、早い場合は上旬の8日、遅い場合は中旬の14日となる）ので、労働者の生活が不安定になるおそれがあり、この原則に反すると考えられています。なお、この毎月1回以上定期払の原則は、臨時に支払われる賃金、賞与その他これに準ずるもので厚生労働省令で定める賃金（労働基準法施行規則8条）には適用されません。

その他の賃金保護規定

労働基準法25条は、労働者は出産、疾病、災害その他厚生労働省令で定める一定の非常の場合（労働基準法施行規則9条は、①労働者の収入によって生計を維持する者が出産し、疾病にかかり、または災害をうけた場合、②労働者またはその収入によって生計を維持する者が結婚し、または死亡した場合、③労働者またはその収入によって生計を維持する者がやむを得ない事由により1週間以上にわたって帰郷する場合を挙げています）には給料日前でも既に働いた分の賃金を使用者に請求できるとしています（賃金の前借や前払ではありませんので注意をする必要があります）。つまり、給料日は月末で今日は20日だけれども、非常の場合であるとして月初めから20日までの分の給料を払ってくれと労働者は使用者に言えるわけです。

また、労働基準法27条は出来高給で働いている労働者に対して使用者は時間あたり一定の最低給を保障しなければならないとしています。これは成果が上がらなかった場合（たとえば、歩合給で働いているタクシーの運転手がお客がまったく捕まらなかったような場合）でも労働者の生活を保障するためです。厚生労働省は平均賃金の6割を支払うように行政指導しています。

そして、賃金の支払の確保等に関する法律（賃確法）が、会社がつぶれた場合などに国が未払の一定額の賃金の立替払をしますよということを定めています。これは知っておくといざという場合に助かります。そのほか、倒産等の場合の賃金の保護に関しては、民法、破産法、民事再生法、会社更生法などに一定の規定がありますが、いまだ不十分といわなければなりません。

賃金額の決まり方

賃金額は、普通は就業規則（ちなみに、労働基準法89条2号により賃金は就

業規則の絶対的必要記載事項とされています）、労働組合があれば労働協約など
によって決められますが、アルバイトの給料や成果主義人事のもとに置かれ
た社員の年俸制などの場合は労働者と使用者の個別的な話合いに基づいた合
意で決められることになります。法律は、労働基準法28条の規定を受け、最
低賃金法がこれよりも下げてはいけないという最低賃金について規制を加え
ています。

　最低賃金は、毎年、中央最低賃金審議会が都道府県を4つのランク（Aラ
ンクからDランク）に分けて引上げの目安額を示し、それを踏まえて都道府
県ごとに都道府県の審議会の意見を聞いて都道府県労働局長により決定され
ます（地域別最低賃金）。加えて、一定の特別の産業（たとえば、鉄鋼や造船な
どで都道府県によって業種は異なり様々です）を対象とする特定最低賃金（かつ
ては産業別最低賃金と呼ばれていました）があります。ちなみに、現在の地域別
最低賃金は、2021年10月1日に改訂され、東京都では1時間当たり1041
円、広島県では1時間当たり899円となっています。既に述べたように、格
差社会やワーキングプアをめぐる問題を背景に、最低賃金法は2007年に改正
され、地域別最低賃金を決定するにあたっては、生活保護に係る施策との整
合性に配慮する（要は、最低賃金額は生活保護基準を上回るようにする）ものと
されました（9条3項）。なお、最低賃金法の実効性確保の仕組みは労働基準
法と同じとなっています（特に、強行的効力と直律的効力が重要です）。

　また、年俸制の場合にはサラリーマンでも、プロ野球選手、たとえば広島
東洋カープや阪神タイガースの選手のように前の年の成績に応じて額がアッ
プ・ダウンすることになります。この年俸制に代表される成果主義賃金シス
テムが、最近、経済競争の激化や経済のグローバル化などを背景にホワイト
カラーも生産性を上げるべしということで年功賃金や職能給の年功的運用を
廃しつつ企業において広く普及してきています（「年功から成果へ」）。この場
合、成果が給料に直結しますので、使用者は労働者の信頼を裏切らないよう
信義則（民法1条2項、労働契約法3条4項）に基づいて労働者の業績（成果）
を公正に評価する義務（公正評価義務）を負うと解されます。また、年俸制の
場合には、労使の合意による目標設定と合意による評価を基礎とする目標管
理制度のもとで労使の個別合意によって賃金額が決定されるケースが多いの

ですが、労使で評価が食い違うなどして労働者と使用者が合意に達しなかった場合はどうなるのでしょうか。これにつき、裁判で争われたケースとして、①使用者が決定権を有するとされた中山書店事件・東京地判平19・3・26労判943号41頁と、②使用者が一方的決定権限を有するためには就業規則に規定された制度が合理的であって明示され、その内容が公正な場合に限られるとされた日本システム研究所事件・東京高判平20・4・9労判959号6頁がありますが、そもそも就業規則は合理的で周知されていないと労働契約内容にはなりません（労働契約法7条・10条参照）ので、②の立場が妥当であると考えられます。

　なお、年功賃金から成果主義賃金に制度を変えるためには就業規則を変更することが必要です。この場合、給料がアップする人も出てきますが、ダウンする人も出てきますので、ダウンする人にとってはこの就業規則の変更は不利益変更にあたります。したがって、変更には、高度の必要性に基づいた合理性が要求されますが、裁判所は、企業がグローバル化の波にさらされた厳しい経済状況に対応すべくホワイトカラーも生産性を上げることが必要であるということであれば高度の必要性を認め、また、制度が合理的で賃金原資が維持されており経過措置（数年間は成果が上がらなかった人に対して以前の給料を保障するといった措置）が設けられているならば合理性を認める傾向にあります（ノイズ研究所事件・東京高判平18・6・22労判920号5頁）。

休業手当

　使用者が原材料不足や不況などの経営領域内のあるいは支配領域内の理由（経営管理上の障害）で労働者を休業させた場合には、不可抗力のケースを除いて、平均賃金の60パーセント以上の休業手当を労働者に支払わなければなりません（労働基準法26条）。これは休業で働けない場合であっても少なくとも平均賃金の6割の限度で労働者の生活を保障する責任を使用者に負わせたものです。また、さらに、使用者の故意・過失あるいは信義則上それと同視すべき事由によって休業させた場合（ちなみに、解雇が権利濫用で違法・無効とされる場合もこれに含まれます）には、民法536条2項に基づき使用者は賃金の全額を支払わなければなりません。ただし、この場合には、使用者は労働

者が労働することを免れたことによって得た利益（要は、労働者が休業の空い
た時間を利用して他の会社で働いて得た賃金のことですが、特に解雇の場合には裁
判で決着がつくまで裁判費用や生活費を稼ぐために他社で働くことが多く、よく問
題になります）を支払うべき賃金から差し引くことができますが、労働基準法
26 条によって平均賃金の 6 割の支払が強制されますので、結局は差し引きで
きるのは平均賃金の 6 割を超える部分となります。なお、休業には一斉のも
のだけではなく個別のものも含まれ、丸一日の休業のみならず 1 日のうちの
一部の休業も休業手当の対象となります。コロナ禍での休業ではまさにこの
休業手当が注目を浴びました。

賞与の支給日在籍制度

賞与（ボーナス）は、大きな金額が一度に入ってきて労働者にとっては大変
にうれしいものですが、通常は年に夏と冬の 2 回支給されます。では、ボー
ナスが支給される前に労働者が会社を辞めてしまったらどうなるのでしょう
か。かりに労働者が支給対象期間（大体、支給される前の半年間です）を働い
ても（支給日以前に自己都合で退職したりして）支給日に在籍しない限り賞与を
支給しないという支給日在籍制度が多くの会社で就業規則に設けられていま
すが、これも有効であると解されています（大和銀行事件・最一小判昭 57・
10・7 労判 399 号 11 頁）。ただし、退職時期を自由に選択できる人に対しては
よいのですができない人にこれを適用することが認められるかどうかについ
て問題があります。具体的には、定年退職者、リストラ解雇の対象者などが
議論されています。後者についてはそのような取扱いは公序良俗違反（民法
90 条違反）で許されないと解されます（リーマン・ブラザーズ証券事件・東京地
判平 24・4・10 労判 1055 号 8 頁）が、前者についてはこれを認める裁判例もあ
り見解は分かれています。

退職金の不支給・減額

退職金は労働者が退職時に支給されるお金で、通常は高額となります。特
に、定年退職の場合には、これが重要な老後の生活資金ともなります。しか
し、多くの企業では、懲戒解雇される従業員や退職後一定期間の競業避止義

務に違反した従業員に退職金を支給しないかあるいは減額する旨の就業規則
等の定めを設けています。そして、このような定めも有効であると解されて
います（退職後の競業避止義務違反の場合の減額が問題となったケースとして、三
晃社事件・最二小判昭 52・8・9 労経速 958 号 25 頁）。ただ、退職金には功労報
償的性格もあります（つまり、退職金はこれまでの勤続をねぎらうところのいわ
ばご苦労さん賃ともいえます）ので、懲戒解雇のケースで労働者の行為がいま
だ永年の勤続の功労を抹消してしまうほどのものでない場合には、たとえ就
業規則に不支給の定めがあるとしても使用者は労働者に退職金を（全額もし
くは労働者の行為によっても功労が抹消されなかった割合について）支払わなけ
ればなりません（全額の支払を認めた例として、日本高圧瓦斯工業事件・大阪高
判昭 59・11・29 労民集 35 巻 6 号 641 頁、トヨタ工業事件・東京地判平 6・6・28 労
判 655 号 17 頁、退職金の賃金後払的性格も併せて考慮し 3 割の支払を認めた例と
して、小田急電鉄（退職金請求）事件・東京高判平 15・12・11 労判 867 号 5 頁）。
要は、懲戒事由がどれだけ永年勤続の功を抹消したのかが重要となるのです。
競業避止義務違反の場合も同様です。

退職金の前払制度、退職金のポータブル化、退職金の年金化、企業年金

　近年、（自発的・非自発的を含めて、つまり、ビッグになりたいとか、リストラ
されたとかで）転職が増加して労働力の流動化傾向が顕著となっており、また
大企業でも倒産の憂き目にあい従業員が失業する時代となっています。この
ような事情を背景に、一部の企業では（労働者の選択に従って）退職金を退職
時にまとめてではなく毎月の給料に組み入れて支払うといった制度（前払制
度）を設けるところも出てきました。なお、労働力の流動化といったことを
考えると、労働者が退職するごとに退職金を受け取っていたのでは生涯賃金
において大きなマイナスが生じることになります。そこで、たとえば、労働
者が転職を繰り返しても退職ごとに退職金が労働者個人に直接支払われるの
ではなく信託銀行や保険会社等の労働者の個人勘定に振り込まれるようにし
て、その累積額の運用を信託銀行や保険会社等に委ね、労働者が労働生活（職
業生活）から引退する時にまとまった額の退職金を受け取ることができるよ
うなポータブル化の仕組みを今後は（立法政策として）考える必要があります。

　ちなみに、近年の高齢社会化にともない、また公的年金だけで生活することがなかなか難しいので、最近では退職金の一部を年金化して支払う企業も出てきています。それとは別に、一般的に企業年金を設ける企業も増えており、その種類としては確定拠出年金、確定給付型企業年金、厚生年金基金、自社年金などがあります。前二者は、2001年に新たに法整備されたものです。最後のものについては、企業業績の悪化などによって年金額の減額ができるかどうかが裁判で争われる事例が増えてきていますが、減額は単に年金規約に減額条項があるだけではだめで、減額の必要性と退職者の被る不利益を比較衡量して前者の方が上回るか、相当な手続を経ているかなどが総合的に考慮されて可否が判断されます（松下電器産業（年金減額）事件・大阪高判平18・11・28労判930号13頁、松下電器産業グループ（年金減額）事件・大阪高判平18・11・28労判930号26頁、早稲田大学（年金減額）事件・東京高判平21・10・29労判995号5頁）。

賃金・退職金の消滅時効

　労基法上の賃金などについては3年の消滅時効にかかりますが、額が大きくなるため退職金については5年の消滅時効に服することになります（労働基準法115条、143条3項）。

6　労働時間の法的規制

労働時間規制の必要性と原則

　働きすぎると労働者の生命・健康・身体に悪影響を及ぼすとともに、自由時間や余暇がなくなり、憲法25条の生存権規定が定める健康で文化的な生活が侵害されることになります。また、ワーク・ライフ・バランス（仕事と私生活の調和）の観点（労働契約法3条3項）からも問題があります。そこで、労働基準法32条は法定労働時間として1週間40時間、1日8時間の原則を定め、使用者がこの限度を超えて労働者を働かせた場合には刑罰を加える（労働基準法119条1号：6か月以下の懲役または30万円以下の罰金）とともに、法定労働時間を超える契約の定めを無効としています（労働基準法13条）。ち

なみに、労働時間の特例として、商業、映画演劇業、保健衛生業、接客業のうち常時 10 人未満の労働者を使用するものについては週の法定労働時間は 44 時間とされています（労働基準法 40 条、労働基準法施行規則 25 条の 2）。

　なお、労働時間規制は、ワーク・シェアリングや企業の弾力的運営の観点からも注目を帯びています。ちなみに、わが国ではそれほど触れられませんが、ヨーロッパでは高い失業率を背景にはやくからワーク・シェアリングが関心を呼び失業者対策のためにかねてより時短が問題となってきています（つまり、労働者 1 人 1 人の労働時間を減らしてその分の仕事を失業者に分け与える、あるいはみんなで仕事を分け合って失業者を出さないようにするという視点が重要となっています）。また、企業の弾力的運営という観点については、ヨーロッパでは第 1 次オイルショックを契機とする経済的危機を背景に大きく議論されたのですが、わが国でも労働時間短縮と絡めて1987年の労働基準法改正で一定労働時間を弾力化する制度が導入されました。これについては後に柔軟な労働時間制度の項で詳しく論じることにします。

労働時間の概念

　さて、労働時間とは使用者が労働者を「労働させ」る時間です（労働基準法 32 条）。しかし、労働基準法には労働時間の具体的な定義がなく、通説・判例（三菱重工長崎造船所事件・最一小判平 12・3・9 労判 778 号 8 頁）は、労働者が使用者の指揮命令下に置かれた時間が労働時間であり、客観的に判断されると解しています。したがって、通常働いている時間だけでなく、作業を行うのに必要不可欠な準備作業時間、待機しておけと命じられてはいるが仕事はしていない手待ち時間（すし処「杉」事件・大阪地判昭 56・6・17 労経速 109 号 3 頁）、仮眠室で夜寝てはいるが電話が鳴ったり突発が起こったりすれば対応しなければならないガードマンの仮眠時間（大星ビル管理事件・最一小判平 14・2・28 労判 822 号 5 頁）やマニュアルで指示されたマンションの管理人の不活動待機時間（大林ファシリティーズ（オークビルサービス）事件・最二小判平 19・10・19 判時 1987 号 144 頁）なども労働者が使用者の指揮命令下にあるとして労働時間とされます。出張の移動時間をどう考えるかは説の対立があり難しい問題となっていますが、厚生労働省の解釈例規は労働者に物品の監

視等が義務づけられていない限り労働時間には当たらないと解しています。ちなみに、アルバイトなどがシフトに入る前に今日はミーティングがあるから早く来いとかシフトが終わってからミーティングや反省会を行うなどと言われてミーティングや反省会に参加した時間も、シフトの後で後片付けや掃除をしろといわれてした時間も使用者の指揮命令に従ってのことですので当然に労働時間となります。

　なお、使用者には労働者の労働時間の状況を把握する義務が課せられています（労働安全衛生法66条の8の3）。

柔軟な労働時間制度

　企業活動に労働時間を合わせたり、労働者の私生活とワーキングライフをマッチさせたりするために、労使協定の締結など法が定める厳格な手続的要件を充たせば、一定期間内において労働時間を平均して1週間あたり40時間（法定労働時間）を超えないならば、ある週に40時間を超え、あるいはある日に8時間を超えて労働者を働かせてもよい（時間外労働とはならない）という柔軟な労働時間制度も設けられています（労働時間の弾力化ないし柔軟化）。つまり、全体で平均して法定労働時間内に収まっているならば、どこかで法定労働時間を超えていてもどこかで労働時間を法定労働時間以下にしなければなりませんので、ちょうどプラスマイナスゼロで帳尻が合い、働き過ぎがなかったと柔軟に考えるのです。これには2つの制度があり、企業活動に労働時間を合わせる制度を変形労働時間制（労働基準法32条の2・32条の4・32条の5：単位期間としては、1年、1か月、1週間のものがあり、たとえば、1年単位のものは1年を通して忙しい時期とそうでない時期がみられるデパートなどで、1か月単位のものは看護師が昼勤、夜勤、深夜勤を繰り返す病院などで利用されていますが、1週間単位のものは実施できるのが労働者が30人未満の小売業、旅館、料理店、飲食店に限られており、あまり利用されていません）と労働者が3か月以内（2018年の働き方改革関連法によって改正がなされ、それまでの1か月以内が2019年4月1日からは3か月以内となりましたが、当然いままで通りに1か月以内とすることも可能です）の一定期間（清算期間）内で一定の決められた労働時間数を自分の都合や私生活に応じて自由に割り振ることができ（ただし、清算

期間が 1 か月を超える場合には 1 か月に平均して週 50 時間を超えて労働させることはできません）、出退勤時間も自由に決めることができる制度をフレックスタイム制（労働基準法 32 条の 3）と呼びます。要は、これらの制度はいわば一定期間内で労働時間の総量をプールしておき週や日の法定労働時間以下となる分の労働時間を他の週や日に弾力的に配分することを認めようとするものです（これをクネクネ時間と呼んだ人があります）。ただ、変形労働時間制は企業の都合によって労働時間を弾力化する制度であるのに対して、フレックスタイム制は労働者の都合に応じて労働時間を弾力化することができる仕組みであって、両者はコンセプトが異なります。したがって、企業の弾力的運営の観点から労働者の私生活が左右される（場合によっては、1 日単位の生活のリズムが崩れるおそれがある）前者に対して、後者は育児・家事なども含めた労働者の私生活や家庭生活とワーキングライフの均衡をはかりこれらを調和（マッチ）させるものとして近年注目を集めています（その意味でワーク・ライフ・バランスに沿った制度であり、ファミリー・フレンドリーな側面もあるということができますし、コロナ禍の在宅勤務のテレワークで使われたりもしています）。ただ、前者は単に経済のソフト化などにともなう企業の弾力的運営の必要（企業の利益）のためだけに労働基準法に導入されたのではなく、労働時間の配分をあれこれ柔軟にやりくりして工夫しながら労働時間短縮をはかりなさいという趣旨が含まれているのです（各種の変形労働時間制が導入されたのは1987 年の労働基準法改正においてですが、そのときにはまさに労働時間短縮が大きな課題となっていました）。そうでないと労働者保護の理念に反しますよね。ちなみに、以上に関する法律（労働基準法）の規定は非常に複雑になっています。

複数の事業場で働く場合の労働時間の計算

　同じ使用者の複数の事業場で働いたり（たとえば、午前中は東京都内の本社で働き、午後からは横浜市内の支店で働くような場合）、あるいは複数の使用者に雇われているような場合（兼業、アルバイトやパートの掛け持ち、ムーンライター、マルチジョブホルダーなどの場合）にはこれらの労働時間は足して（通算して）計算されます（労働基準法 38 条 1 項）。ですから、特に、ひとりの労

働者が複数の使用者のもとで働くような場合には、1日の労働時間の合計が
法定労働時間である8時間を超えれば8時間を超えて働かせることになる使
用者（これは時間的にあとから労働者と契約した使用者であると解されています）
は後に述べるように労働基準法36条に従って「残業（時間外労働）OKよ」と
するための手続を踏み（そうでないと、刑罰を科せられるし、8時間を超える定
めをした契約部分も無効となります）、しかも労働基準法37条に従って労働者
にプレミアム（割増）のついた時間外手当を支払わなければならないことに
なります（これの違反にも刑罰がついています）。とにかく、労働者の生存権を
守るためには働きすぎ・働かせすぎはダメよということなのです。

事業場外労働のみなし労働時間制

　外回り（事業場外）の仕事でしかも労働時間を算定するのが困難な場合（つ
まり、事業場外の要件と労働時間の算定困難性の要件の2つの要件が備わっている
場合であり、単なる外回りの場合には対象とはならない点に注意する必要がありま
す）には、その会社の定時から定時まで（これを所定労働時間といいます）働
いたものとみなされます（事業場外労働のみなし労働時間制）。計算できないか
ら仕方ないですね。ただ、その仕事を行うには普通定時を超えて働くことが
必要となるならば、それに通常必要とされる時間働いたものとみなされま
す。これも当たり前ですね。しかし、この定時をオーバーすることになる通
常必要とされる時間については労使で主張が食い違いトラブルとなるおそれ
があります（つまり、使用者はできるだけ短い時間を主張して給料を安く抑えよ
うとし、労働者は長い時間を主張してできる限り多く給料をゲットしようとして争
いが生じる可能性があります）から、トラブルを避けるために、使用者が事業
場の労働者の過半数代表と労使協定を結び、そこで必要とされる時間とは何
時間であるかを決めればその時間働いたものとみなされます（この協定につい
ては労働基準監督署長に届け出る必要があります）。以上については労働基準法
38条の2が詳しく定めています。ただ、現在では多くの従業員が携帯やタブ
レット端末等で容易に会社と連絡がつきますので、外回りであってもそう簡
単には労働時間が算定しがたい場合とはみなされません。したがって、もと
もと想定されていた外回りのケースにおいてはこのみなし制度が使われる余

地は非常に狭くなっているということができます（みなし制の適用対象とはならないとされた事例として、書籍の展覧会展示販売員に関するほるぷ事件・東京地判平8・9・1労判722号62頁、派遣海外ツアーコンダクターに関する阪急トラベルサポート（添乗員・第2）事件・最二小判平26・1・24労判1088号5頁などがあります）。しかし、他方で、この制度は、近年、新たに、通勤難やワーク・ライフ・バランスの要請を背景として登場した在宅勤務やコロナ禍で広がった自宅などでのテレワークのケースで利用されてきており、この点において一定注目されています。ただし、要件が厳格なので使い勝手が悪いのも事実であり、在宅勤務やテレワークには今後は新たな法制度を整備して対応することがベターであると考えられます。

労働時間を計算しなくてよい場合もある

　裁量労働制（裁量労働のみなし労働時間制）といって使用者が大筋（基本的なところ）だけを指揮命令し（このような使用者の命令権を基本的労務指揮権と呼びます）あとはあれこれと細かい指示をせずに労働者に自分の裁量に基づいて自由におやりなさいといって働かせるシステムをとる場合には、労働者が何時間働いても（多くても少なくても）一定の時間（たとえば、8時間と決めれば8時間）働いたものとみなされることになります。これには2種類あって、専門業務型と呼ばれるいわば「自由業っぽい」働き方をしている労働者（デザイナー、コピーライター、企業の研究者、映画・テレビのディレクター・プロデューサー、大学教員など）を対象（ただし、対象業務は厳格に一定数のものに限定されています）とするもの（労働基準法38条の3）と企画業務型と呼ばれる一定の知識・経験等を有し企画・立案・調査・分析の業務を行うサラリーマン（ホワイトカラー）を対象とするもの（労働基準法38条の4）に分けられます。専門業務型を行うためには事業場の過半数代表と労使協定を締結する必要があり、企画業務型を行うためには事業場に労使委員会という労使半々の委員からなる委員会を作ってその委員の5分の4以上の多数決でやるぞという決議をする必要があります（ちなみに、労使委員会の労働者代表委員は事業場の過半数代表に任期を定めて指名される形で選任されます）。労使協定も労使委員会の決議も労働基準監督署長に届け出なければなりません。そして、これ

らのみなし制度に関連して労働時間部分の就業規則を整備するとともに、企画業務型の場合には労働者本人の同意も必要です（そして、本人が拒否しても不利益に取り扱うことは禁止されます）。

　このような制度は労働時間と賃金の関係を切り離し、賃金と成果を結びつける形で年俸制等の成果主義賃金システムとセットで実施されているケースが多くなっています（「時間から成果へ」）。

　ただ、仕事の裁量には手順の裁量と仕事量の裁量の２つがあり、後者は労働者の自由にならない（つまり、ノルマを自分で決めることはできない）といえます。したがって、裁量労働制については、長時間労働を正当化するとともに不払残業を覆い隠すことになっているのではないかと一部で疑問も提起されていますし、しばしばマスコミ等で騒がれているように一部の企業では制度の濫用もみられるところです。

　なお、2018年の第196国会で働き方改革関連法が成立し、以上とは別にさらに新たな制度が設けられました。職務の範囲が明確で一定の年収（1075万円以上）を有し高度の専門的知識を必要とする一定の業務（金融商品開発、金融商品ディーリング、アナリスト、コンサルタント、新技術等研究開発の５つの業務）に従事する労働者に対して本人が同意した場合に労働時間規制（労働基準法の労働時間、休憩、休日および深夜の割増賃金に関する規定）を外すことができる高度プロフェッショナル制度（ホワイトカラーエグゼンプション）が事業場の労使委員会の決議（委員の５分の４以上の多数による決議）を要件に導入されうることになったのです（労働基準法41条の2）。ちなみに、これはかつて2015年に国会に提出された労働基準法改正案に含まれていたのですが、当時はこの法案は一般的にいくら働いても残業代が出ないという点を捉えて俗称として残業代ゼロ法案と呼ばれていました（これは廃案になりました）。しかし、実際には、残業代が出ないということよりも労働時間が無制限・無限定となる働き方を認めることは果たして妥当かという点に問題の本質があると考えられます。これは働き方改革関連法が目玉として目指した罰則付きの時間外労働の上限規制とは逆のベクトルを示しているといえるでしょう（したがって、働き方改革関連法は規制緩和と規制強化という相容れないものの抱合わせであるとの批判も一部でみられるところです）。今後の推移を見守っていく必要

があります。

残業（時間外労働）はどんな場合に可能なのか

さて、前に法定労働時間は1週40時間、1日8時間だといいました。また、後に6で見るように使用者は労働者に週1日の休日を与えなければなりません。しかし、場合によっては仕事が忙しかったりしてどうしても残業（時間外労働）や休日出勤が必要になることもありますよね。そこで、労働基準法は次の場合には法定労働時間を超える残業や法定休日の出勤（以下では単に残業、休日出勤といいます）を例外的にOKとしています（ちなみに、時間外労働や休日出勤が、法定労働時間内であったり、法定外休日であったりの場合は、労働基準法の求める要件は必要とはされませんので、注意する必要があります）。

①　災害その他避けることのできない事由によって、臨時の必要がある場合においては、使用者は労働基準監督署長の許可を受けて労働者に残業・休日出勤をさせることができます（労働基準法33条1項）。なお、事態が急迫していたために許可を受ける暇がない場合には、事後に遅滞なく届け出なければなりません（ちなみに、労働基準監督署長がその労働時間の延長または休日の労働を不適当と認めるときは、その後にその時間に相当する休憩または休日を与えるべきことを命ずることができることになっています）。一般的に突発事故や人命にかかわる事態が想定されていますが、2011年の東日本大震災時には病院や医療機関でこの規定が使われました。

②　事業場の労働者の過半数代表と労使協定（これを36協定――サブロク協定――と呼びます）を締結して労働基準監督署長に届け出た場合も残業・休日出勤が可能となります（労働基準法36条1項）。これが通常のノーマルなケースです。この場合、かつては厚生労働大臣が残業はこれぐらいにしてねという基準（ちなみに、これは強制力あるものではなくお願いにすぎません）を定め（「時間外労働の限度に関する基準（平成10年労働省告示第154号）」が正式名称ですが、一般的には限度基準と呼ばれています）、この基準に従って行政指導がなされ労使もこれに従うよう努力すべく要請されていました。しかし、長時間労働に歯止めをかけるためにはこれでは不十分であり、したがって働き方改革に関連して、規制を強化して正面から法律で罰則付きの時間外労働の絶対

的上限規制を設けるべきではないかということが政府で議論されました。これを受け、2018 年に法案が国会に提出され、第 196 国会で成立しました。これは安倍政権の働き方改革関連法の目玉とされたものですが、この法律によって労働基準法が改正され、従来まで「青天井」と呼ばれた時間外労働にようやく一定の制限がかかったことになります（2019 年 4 月 1 日施行、中小企業は 2020 年 4 月 1 日から）。具体的には次の通りです。時間外労働の原則は上限月 45 時間、年 360 時間（1 年単位の変形労働時間制の場合は月 42 時間、年 320 時間）です。ただし、臨時的な特別な事情（36 協定の特別条項）がある場合には年間 720 時間（さらに、休日労働を含めると年 960 時間までの時間外労働が可能）、単月 100 時間未満（休日労働含む）、1 年のうち 6 か月については複数月（対象期間の初日から 1 か月ごとに区分した各期間に当該各期間の直前の 1 か月、2 か月、3 か月、4 か月および 5 か月の期間を加えたそれぞれの期間：2 か月から 6 か月の期間内）平均 80 時間（休日労働含む）を限度に設定することができます。確かに、わが国において初めて罰則付き（労働基準法 119 条 1 号：6 か月以下の懲役または 30 万円以下の罰金）の時間外労働の上限規制が設けられたことには意義があるのですが、反面、その上限があまりにも緩すぎるあるいは甘すぎるのではないかとの疑問が提示されていることも事実です（ちなみに、月 100 時間とか 80 時間とかいうのはいわゆる過労死ラインに近接する数字です）。

　なお、36 協定を結んで届け出たということによっては単に残業や休日出勤をさせても使用者が刑罰を科せられたりその旨の契約の定め（あるいは合意）が無効となったりしないという効果（つまり、刑事上および民事上、労働基準法違反とはならないという効果：これは 36 協定の締結・届出の適法化効力と呼ばれ、具体的には免罰的効力と私法的強行性解除効力からなります）しか発生しませんので、使用者が実際に労働者に残業や休日出勤を義務づけるためには労働契約上の義務づけの根拠としてさらに就業規則に「必要があれば従業員に残業（あるいは休日出勤）を命ずることができる」旨を定めた規定を入れておかなければなりません（日立製作所武蔵工場事件・最一小判平 3・11・28 労判 594 号 7 頁）。これが判例の立場ですが、要するに裁判所は、就業規則は労働契約内容となるので、企業の時間外労働命令を定めた就業規則規定があればこれには労働者も拘束されると考えているのです。この考え方の背景には終身雇用

制を基礎とした内部労働市場においては人や労働力のやりくりが柔軟になされるというわが国の雇用システムの特徴が潜んでいます（これは企業における労働者の無限定な働き方のひとつの表れといってもよいでしょう）。ただし、就業規則が残業義務や休日出勤義務の根拠となるということを認めることは、いわばアフターファイブや休日など労働者の私的時間（本来は自由時間であるべきです）の処分権が（上限いっぱいまで）就業規則を作成する使用者に握られてしまうに等しい事態となり、場合によっては労働者の私生活の自由が大きく失われかねません。このような方向は、2007年に制定された労働契約法の3条3項が定めるワーク・ライフ・バランスの理念に反するようにも思われますので、そろそろ発想を変えて、今後は（新たに法規制を設けて）残業や休日出勤には労働者個人の同意を必要としたり（ちなみに、日立製作所武蔵工場事件の最高裁判決が出されるまでは、学説において、時間外労働義務の根拠については、私的時間の処分権は労働者が持つということを前提として労働者の個別的同意が必要であるとする説が極めて有力でした）、あるいは（法規制が難しいのであれば）使用者の残業・休日出勤命令を権利濫用法理（労働契約法3条5項参照）で厳しくチェックしたりする必要があるでしょう。

　なお、働き方改革関連法によって、勤務間インターバル制度に関する規定（労働時間等設定改善法2条）が設けられ、事業主は、前日の終業時刻と翌日の始業時刻の間に一定時間の休息の確保に努めなければならないこととするとされました。規定が設けられたことは確かに意義があるのですが、これはあくまで使用者の責務、つまり努力義務にとどまっており、しかも何時間空けなければならないのかについて具体的に示されていない点に限界と問題点があります。ちなみに、EUでは既にこれが強行的に法規制化されており、勤務終了から次の勤務開始までの間に11時間を空けなければならないことになっています。わが国の規制は努力義務と弱いのですが、法規定ができる前後から、多くの企業が徐々に労働組合との労働協約等でインターバル規制を実施する試みを示してきており、一定の注目を集めています。

割増賃金

法定労働時間を超えて労働（残業）させたり法定休日に出勤を命じたりす

る場合には使用者はプレミアムを付けた賃金を支払わなければなりません（労働基準法37条）。時間外労働の場合は通常の労働時間あたりの賃金に25パーセント以上のプレミアム（割増賃金）、休日出勤の場合には35パーセント以上のプレミアムを付けることが求められています。また、労働基準法37条は使用者が労働者に深夜労働（午後10時から午前5時まで）をさせる場合にも25パーセント以上のプレミアムを付けなければならないとしています（なお、時間外と深夜が重なった場合の割増率は50パーセント以上、休日と深夜が重なった場合の割増率は60パーセント以上となります）。

　そしてさらに、2008年の労働基準法改正により、法定労働時間を超える残業時間が1か月60時間を超えた場合にはその超えた部分については割増率が50パーセント以上とされました（ただし、事業場の労働者の過半数代表との労使協定の定めにより、労働者は25パーセントを超えた部分についてはその分の割増賃金に代えて通常の労働時間の賃金が支払われる休暇を取得することができるものとされています）。ちなみに、この規制は2023年3月末までは中小企業に適用が猶予されています。

　なぜこれらのプレミアムを付けなければならないのかというと、使用者にたくさんお金を出させることによってできるだけこういった労働をさせない方向にもっていこう（時間外労働等の抑止）ということがその基礎にあり（特に月60時間を超えた場合には割増率の大幅アップによって長時間労働を抑止すべしとの趣旨がより明確となっています）、加えて労働者が自由時間を失った対価・代償や労働者が疲労を被ったことに対する代償としてという趣旨もあります（医療法人康心会事件・最二小判平29・7・7労判1168号49頁）。

　なお、近年、基本給に一定時間分の時間外割増賃金が含まれているとか、固定の手当をもって一定時間分の時間外労働の割増賃金の支払とするといった定額（固定）残業代のケースが増加しています。これについてどう考えるかですが、たとえば、毎月の給料に時間外労働の割増賃金を含めているということが認められるためには、通常の労働時間の賃金と割増部分の賃金が明確に（はっきりと）区分されており（明確区分性の要件）、割増賃金の部分が労働基準法37条の規定に従って計算した額以上であること（金額適格性の要件）が必要です（高知県観光事件・最二小判平6・6・13労判653号12頁）。そして、

定額の割増賃金額分以上に時間外労働を行った場合には使用者は追加で割増賃金の差額を支払わなければなりません（テックジャパン事件・最一小判平24・3・8判時2160号135頁）。したがって、単に給料には時間外賃金が含まれていますというだけではだめなのです（医療法人康心会事件・最二小判平29・7・7労判1168号49頁）。また、固定の手当の場合には、その手当が時間外労働の割増賃金であるという趣旨が明確で（対価性の要件）かつ金額が労働基準法37条で計算した額以上でなければならず、予定された時間数を超えて時間外労働が行われた場合には使用者は割増賃金の差額を支払わなければなりません（固定の手当が割増賃金にあたると判断された最近の判例として、日本ケミカル事件・最一小判平30・7・19労判1186号5頁があります）。とにかく、定額（固定）残業代の場合には、明確性が求められるとともにいつでも定額で払い切りということはできないということを肝に銘じておく必要があります。

適用除外

労働基準法41条により、労働基準法の労働時間、休憩および休日に関する規定は、農業・畜産水産業に従事する労働者（1号）、管理監督者・機密事務取扱者（2号）、監視断続労働に従事する労働者で使用者が労働基準監督署長の許可を受けた者（3号）には適用されません（第3のものだけは労働基準監督署長の許可が必要であり、許可がないと適用除外されないという点に注意する必要があります）。第1のものは働き方が自然に左右されるため、第2のものは働き方が経営者と一体となっているため、第3のものは働き方が精神的・身体的緊張が少ないものであるためというのがそれぞれ適用除外の理由です。なお、多くの企業で管理職イコール管理監督者という誤解が広がっており、管理職には労働時間規制が適用されずいくら残業させても残業代を払わなくてもよいという取扱いがなされているところがあります。しかし、管理監督者は管理職よりもずっと狭い概念で、管理監督者というためには①経営者と一体といえるような経営・人事に関する権限を持っていること、②それに見合った処遇・待遇がなされていること、③出退勤が厳格に管理されていないことなどの要件を充たすことが必要です（大体、本社の部長クラス以上ということになると考えられます）。裁判例では、銀行の支店長代理が管理監督者に

当たらないとされた例（静岡銀行事件・静岡地判昭 53・3・28 労民 29 巻 3 号 273 頁）やハンバーガー店の店長が管理監督者に当たらないとされた例（日本マクドナルド事件・東京地判平 20・1・28 労判 953 号 10 頁）などがあります。以上は「名ばかり管理職」をめぐる問題として一時大きく世間を騒がせたのでご記憶の方も多いと思います。

　ちなみに、先に触れた高度プロフェッショナル制度（労働基準法 41 条の 2）は柔軟な労働時間制度の一種ということができますが、法制度上は労働基準法に定める労働時間、休憩、休日および深夜の割増賃金に関する規定が適用されないという適用除外の一制度として設計されています（これは適用除外という側面を捉えてホワイトカラーエグゼンプションともいわれます）ので、条文の位置としては 41 条の次に置かれています。

7　休憩・休日・休暇

休憩

　休憩時間とは労働の途中で完全に労働から開放される時間です。したがって、休んでいてもいいけれども電話や来客に対応してくれと言われたような場合には、指揮命令を受けているため一種の手待ち時間と考えられ労働時間となりますので、休憩を与えたことにはなりません。さて、労働基準法 34 条 1 項は、「使用者は、労働時間が 6 時間を超える場合においては少なくとも 45 分、8 時間を超える場合においては少なくとも 1 時間の休憩時間を労働時間の途中に与えなければならない。」と規定しています。これは、疲労回復や食事の必要を考えてのことです。普通の会社は昼休みが 1 時間となっていることが多いのですが、法律上は 1 日 8 時間労働の場合には労働時間がギリギリ 8 時間を超えていませんので 45 分の休憩時間でよいことになります。ですから、うちの会社は 8 時間労働で休憩時間が 45 分だよといっても労働基準法によれば残業させない限り違法ではないことになります（ちなみに、このような会社で労働者に残業させる場合には別途 15 分の休憩を与えて合計 1 時間にしなければなりません）。ただ、労働時間が 6 時間のパートさんにまったく休憩を与えなくてよいというのは問題があるように思われます（たとえば、午前 10 時

から午後4時まで昼食の時間もなしに働くということが果たして適切か考えてみてください）ので、今後法のあり方を見直す必要があるでしょう。加えて、労働時間の途中のどこに与えなければならないのか、休憩までの継続労働時間の上限は何時間なのかの規制もなく、分割付与も禁止されていないといった問題点もあります。ですから休憩を昼休みにする必要はないし、朝からずっと働かせておいて夕方ごろになってようやく休憩時間を付与することや休憩時間を15分ずつに分割して付与するということもできることになります。大いに改善の余地のある点といえます。

　また、休憩時間は一斉に与えなければならず（労働基準法34条2項：一斉付与の原則）、労働者に自由に利用させなければなりません（労働基準法34条3項：自由利用の原則）。ただし、労働者に一斉に休憩を与えることができない場合には、事業場の労働者の過半数代表と労使協定を締結すれば一斉付与の原則をはずすことができます（労働基準法34条2項但書）。また、自由利用を妨げられたような場合には、労働者は使用者に損害賠償請求を行うことができます（住友化学事件・最三小判昭54・11・13判タ402号64頁）。ただし、自由利用といっても休憩中に会社や事業場内で過ごす場合には労働者は使用者の施設管理権に従うことになるとともに企業秩序を遵守する必要があり服務規律に服します。なお、休憩時間中の外出については、一般に届出制や客観的な基準に基づく許可制に服させることは可能であると解されていますが、労働者のプライバシーとの関係で問題があることも否定できません。

休日

　労働基準法35条1項は、「使用者は、労働者に対して、毎週少なくとも1回の休日を与えなければならない。」と規定しています（週休制の原則）。実は、法律上はまだ、週休2日制とはなっていないのです。しかし、法定労働時間が1週40時間、1日8時間ですから（労働基準法32条）、8時間労働が5日で40時間、そして1週7日から5日を引けば2日となりますので、使用者が法定労働時間をきちんと守ってさえいれば自然と週休2日になるはずだと考えられたのです。したがって、法律では週休2日制を正面からは強制しませんでした。ちなみに、週休2日の場合は1日が法定休日、もう1日が法定

外休日ということになり、どちらが法定休日かを就業規則で決めておかねば
なりません。ただ、ウィークデイの1日の労働時間が7時間の会社では5日
で合計35時間の労働時間ということですから、たとえばさらに土曜日に半ド
ンで出て来いということができますし、あるいはお店の主人が労働時間の短
いアルバイトに週6日出て来いということも適法といえます。したがって、
わが国ではまだ完全に週休2日制が普及しているわけではないという点に注
意する必要があります。

　週休制の趣旨は、毎週労働から解放される日を作ることによって労働者が
労働の疲労から回復することにあります。なお、労働基準法は何も使用者に
土曜日や日曜日を休日にせよとは命じていません。普通の会社では土曜日や
日曜日を休日とすることが多いのですが、会社によってはウィークデイを休
日とするところもあります（お店や映画館、百貨店など）。

　ちなみに、労働基準法35条2項は、「前項の規定は、4週間を通じ4日以
上の休日を与える使用者については適用しない。」と述べて、就業規則で特定
の4週間を区切ってその中で4日の休日を与えれば、毎週1日の休日を与え
る必要はないとしています（変形週休制）。ただ、この制度によるならば休み
なしで一定日数を連続して働かせることも認められることになるのであり、
問題が残ります（計算上は24日連続して働かせることが可能となります）。

　この休日の項の最後にひとこと触れておけば、労働基準法は何も使用者に
国民の祝日（「国民の祝日に関する法律」を参照）を休みにしろとは命じていま
せん。したがって、労働基準法35条さえ守っている限り使用者は国民の祝日
を労働日にして労働者に出勤しろと命じることができます。

年次有給休暇の基礎

　年次有給休暇は一般に年休と呼ばれますが、有給で休むことができる労働
者の権利です。その基本趣旨は、有給で（まとまった）休みを保障して労働者
の人間らしい生活を実現しようとするところにあります。ヨーロッパでは連
続した長期の年休を取って（通常、夏に）家族でバカンスに行くのが慣例に
なっていますが、わが国では、実際には年休権保障の基本趣旨とは裏腹に、
細切れ取得が多く、また病休制度が法定（法律により整備）されていないため

病休の代わりに年休ですますなどまだまだバカンスでリフレッシュというにはほど遠い状態にあります。しかも、多忙であることや職場の同僚に気兼ねしたり迷惑をかけたりすることなどを理由に取得率自体が非常に低いレベルとなっています（5割前後となっています！）。

年休権の発生

　年次有給休暇については労働基準法39条が定めを置いています。最初は、入社して半年間継続勤務をし、全労働日（労働義務のある日）の8割以上出勤すれば、入社半年経過後に10日の年休が発生します。あとは継続勤務1年ごとに全労働日の8割以上の出勤率をクリアすれば1年半目には11日、2年半目は12日、3年半目は14日、4年半目は16日、5年半目は18日、6年半目は20日の年休の権利が発生するというように日数が増えてゆきますが、20日がアッパー（上限）で7年半目以降は8割出勤の要件を充たすと毎年20日ずつの年休ということになります（ちなみに、労働基準法上の権利の時効は2年です（115条）から、ある年に年休を取らなければその分が翌年に繰り越され、その結果、実際にはある年に1日も休まなければその翌年には最長40日まで取れることになる場合もあります）。パートタイマーは正社員の労働日数に比例して年休が与えられます。労災で休んだ期間、育児・介護休業期間、女性労働者の産前・産後休業の期間は出勤したものとみなされることを労働基準法は定めていますが、制度の趣旨から当然に年休取得日数分は次の年の年休の計算にあたって出勤したものと取り扱われます（解雇無効の場合の不就労期間を労働日にカウントし出勤したものとみなすとした事例として、八千代交通事件・最一小判平25・6・6労判1075号21頁があります）。なお、年休権発生の要件となっている継続勤務は実質的なものでよく、たとえばアルバイトやパートなどが有期労働契約を締結していてもそれが反復更新しているならば、あるいは定年に引き続き嘱託として再雇用されるような場合には要件を充たします。

年休の時季指定権と時季変更権

　労働者は自分の好きなときに時季指定（具体的な日の場合もありますし、この季節や時期といったような一定幅のある指定の場合もあり、後者の場合には具体

的にいつ休むのかについて使用者との調整が必要になります）を行って年休を取ることができる（これを労働者の時季指定権といいます）のが原則です。しかし、これが事業の正常な運営を妨げる場合（いわばある意味大変なことになる場合）に限りあくまで例外的に使用者は「まった」をかける（つまり、別の時季に年休を与える）ことができます（これを使用者の時季変更権といいます）。しかし、使用者がいつも忙しい状態を作っておきながら、時季変更権を行使するのは問題があるので、使用者は労働者が年休を取得することができるよう配慮する必要があり（特に余裕をもった人員配置や年休取得を見越した代替要員の確保が重要です）、配慮をすることなしに時季変更権を行使することはできないと考えられています（弘前電報電話局事件・最二小判昭 62・7・10 労判 499号 19 頁）。なお、判例によれば、事前の調整を経ることなしに労働者により（具体的な日時を示して）長期休暇（具体的には 4 週間の長期休暇が問題となりました）が時季指定された場合には、使用者はある程度において裁量的判断が可能で事業の正常な運営を妨げる一定の蓋然性があれば時季変更権を行使できるとされています（時事通信社事件・最三小判平 4・6・23 民集 46 巻 4 号 306頁）。そうすると、わが国では時季指定による長期バカンスは実質的に困難であることになり、実際には後述の計画年休に委ねざるをえません（ただし、計画年休自体がそれほど普及していないのと、計画年休が実施される場合であっても長期の年休が計画されることはあまりないというのが実状です）。

年休の自由利用の原則と年休取得の不利益取扱いの禁止

　労働者は年休を好きなように利用することができます（自由利用の原則：林野庁白石営林署事件・最二小判昭 48・3・2 民集 27 巻 2 号 191 頁）ので、労働者は使用者に年休の利用目的を告げる必要はありません（年休の利用目的は労働者のプライバシーに属する事柄といえるでしょう）。年休は有給で休める権利ですから、労働者は休んでも平均賃金、通常の賃金、標準報酬日額に相当する額のいずれかを受けとる権利を持っています。年休は 1 日単位でも継続（連続）してでもとることができます。また、2008 年の労働基準法改正によって、事業場の労働者の過半数代表との労使協定が締結されていれば年 5 日以内に限り時間単位で年休が取得できるようになりました。

　なお、使用者は労働者が年休をとったからといって不利益取扱いをしては
いけません（労働基準法 136 条参照：これに関する判例としては、沼津交通事件・
最二小判平 5・6・25 民集 47 巻 6 号 4585 頁がありますが、この規定は訓示規定に
すぎないとして、不利益取扱いは民法 90 条の公序良俗違反の観点から処理されて
います）。

計画年休制度と使用者の年休付与の時季指定義務

　以上のように労働者に権利を与えても忙しくてなかなか年休を取ることが
できないという実状がありますので、労働基準法には使用者が事業場の労働
者の過半数代表と労使協定を結べば計画的に労働者に年休を取得させること
ができる計画年休制度も設けられています（ただし、計画年休を行う場合であっ
ても 5 日は労働者の自由な年休として残しておかなければなりません）。計画年休
のタイプとしては全社一斉に休む一斉付与型（たとえば、全社一斉の夏の大型
バカンスなど）、班ごとに付与する（班ごとに交代で休む）班別付与型、計画表
に基づいて個人ごとに年休を割り振る個人別付与型などがあります。計画年
休に関する労使協定は、他の労使協定とは異なって、私法的効力（拘束力）を
有し労働者を拘束する（したがって、労働者は労使協定で定めた計画通りに年休
を取得しなければならないことになる）と解するのが通説・裁判例（三菱重工長
崎造船所事件・福岡高判平 6・3・24 労民集 45 巻 1 ＝ 2 号 123 頁）の立場です。計
画年休制度を実施した場合、使用者はもはや時季変更権を行使することはで
きませんが、予測できない事態に備えて労使協定に変更に関する定めを設け
ておけばこれに従って変更することは可能であると考えられます。なお、こ
の計画年休はそれほど実施されていないのが実情ですが、今後は年休取得率
アップに向けさらに活用されることが望まれるといえます。

　ちなみに、年休取得率アップといえば、2018 年の働き方改革関連法によっ
て労働基準法 39 条が改正され、10 日以上の年休が付与される労働者に対し
て 5 日については使用者が毎年時季を指定して年休を与えなければならない
ことになりました（時季指定の義務化）。

育児介護休業法

　育児介護休業法が育児休業（原則として子供が1歳になるまでですが、保育所が見つからないなどの場合には2歳まで可能となっています）、介護休業（要介護者1人当たり合計93日）、子の看護休暇（小学校未就学児に対し年に5日）、介護休暇（年に5日）などを定めるとともに、育児・介護を行う労働者に対する時間外労働の制限、深夜業の免除などワーキングライフと私生活の調和（ワーク・ライフ・バランス）をはかるべく様々な施策を設けており、少子高齢化時代において育児・介護に関して総合的に労働者の就労を援助する法律へと向けて順次法改正が積み重ねられてきています。労働者は夫婦（男女）いずれもこれらの権利を行使できます。ちなみに、この法律は何度も改正を繰り返してきていますが、特に2009年改正においてパパ・ママ育休プラス（夫婦で育児休暇を取得した場合には子供が1歳2か月まで育児休業を可能とする制度）など夫婦で育児休業の取得を促進するための規定が設けられたことや2021年の改正でいわゆる夫の産休（出生時育児休業、通称は産後パパ育休）が認められたことなどが注目されます。なお、育児休業、介護休業とも雇用保険法によって休業期間中の所得保障がなされ、育児休業の場合には180日間は給料の67パーセント、それ以降は50パーセントの育児休業給付金、介護休業の場合には給料の67パーセントの介護休業給付金が支給されます。なお、育児・介護については雇用保険法による所得保障以外にも社会保障法との連携（保育所の入所や介護保険など）が重要となっている点に注意する必要があります。

休職・休暇

　長い人生の中では労働者はワーキングライフの途中で色々な事情で長期にわたって休む必要が出てきますが、労働基準法などの法律は特別に長期の休職を保障・整備していません。したがって、そのような場合には会社を辞めるほかないとすると労働者は次の職探しが大変になるとともに、会社の方もこれまで育ててきたベテランに辞められて損だということにもなりかねません。そこで、多くの会社では就業規則や労働協約によって休職制度が設けられており、労働者が会社を辞めることなく安心して長期に休めるようになっ

ています。その期間中の給料の保障等については会社が就業規則や労働協約でどう定めているかによります（ただ、病気休職の場合には会社による給与保障がなくても健康保険法 99 条により健康保険から1年6か月の間給料の3分の2にあたる額の傷病手当金が支給され所得保障がなされますし、組合専従休職の場合に使用者が給料を支払うと労働組合法が禁止する経費援助にあたりますので注意が必要です）。休職の代表的なものを挙げれば、病気休職、自己都合休職、事故休職、起訴休職、組合専従休職などがあります。たとえば、病気休職などは2年といった長期の休職が認められることが多いのですが、病気がその期間内に治れば（治癒すれば）復職となり、そうでなければ解雇あるいは退職扱いとなります。なお、治癒とは従前の職務を通常通りに行える状態に復したことをいいますが、使用者はできる限り労働者を復職させるべく配慮することが求められ、いまだ従前の職を通常通りには行えないけれども、ある程度回復しており、リハビリを兼ねて復職させれば徐々に元通りになるとともに受け入れる職場や仕事があるようなケースでは、解雇を行ったり退職扱いとすることはできず労働者を復職させなければならないことになります（これは信義則上の要請といえるでしょう）。他の休職についても復職ないし解雇・退職につき同様の扱いがなされます。

　また、休職ほど長期ではありませんが、企業は従業員のために仕事の合間にとることができる様々な休暇制度を設けていることがあります。職業訓練（教育）休暇、ボランティア休暇、永年勤続休暇、リフレッシュ休暇、病気休暇など色々なものがあります。時効で消滅した年休を積み立てておきそれが一定程度たまった時点でまとまった休暇を付与する企業もあります。これらは給料の保障も含め就業規則や労働協約の規定がどのようになっているかによりますので、みなさんはそれらの関連規定をよく見ておく必要があります。とにかく休職や各種の休暇については今後法律できちんと一定の整備を行う必要があるでしょう。

8　女性・年少者の保護

妊産婦等と年少者

　かつては女性（労働基準法制定当時は「女子」と表現されていました）は男性に比べて体力的に弱い（非力）であると考えられたため、時間外労働の制限、休日労働の禁止、深夜業の禁止、坑内労働の禁止、危険・有害業務の禁止など各種の一般的保護が労働基準法に規定されていました。しかし、男女雇用機会均等法の成立・展開過程において保護と平等は両立しないとして、女性の一般的保護は徐々に縮減・廃止の方向をたどりました。しかし、女性には妊娠・出産機能があり母性保護が必要になるため、母性保護に関する規定は労働基準法に残されることになりました。現在では、妊産婦等に対し、一定の場合の坑内業務の就業制限、妊産婦等にかかる危険有害業務の就業制限、産前産後の休業（産前6週間・産後8週間）、妊娠中の女性の請求による軽易な業務への転換、妊産婦の請求による変形労働時間制の適用制限、妊産婦の請求による時間外労働の禁止・休日労働の禁止、妊産婦の請求による深夜業の禁止、生後満1年に達しない生児を育てる女性に対する育児時間の付与（女性の請求により毎日2回少なくとも30分ずつ）、生理日の就業が著しく困難な女性に対する措置（生理休暇の付与）など特別の保護が設けられています（64条の2から68条）。

　また、年少者（満18歳未満の者）についてはその年齢や発育途中の未成年者であるということを考慮してこれまた特別の保護（満15歳に達した日以後の最初の3月31日が終了するまで使用できないという雇用されうる最低年齢、証明書、労働時間および休日、深夜業の禁止、危険有害業務の就業制限、坑内労働の禁止、解雇の日から14日以内に帰郷する場合の帰郷旅費に関する規定）が設けられています（56条、57条、60条から64条）。そして、未成年者については、労働契約（親権者または後見人が未成年者に代わって労働契約を締結してはならないこと、親権者・後見人・労働基準監督署長は労働契約が未成年者に不利であると認める場合において将来に向ってこれを解除することができること）と賃金受領（未成年者は独立して賃金を請求することができ、親権者または後見人は未成年者

の賃金を代わって受け取ってはならないこと）に関する規定が設けられています（58 条、59 条）。未成年者に関する規制は子供が親の食い物にならないようにするとともに不利な契約から未成年者を保護するという観点からのものです。

9　安全衛生・労災補償

労働災害の防止と補償

　仕事には様々な危険がつきもので、場合によっては労災（労働災害）が発生し、労働者の生命・健康・身体が損なわれる結果ともなります。そこで、労働安全衛生法が労災が起きないように厳しく目を光らせ（労災の防止）、それでも不幸にして労災が発生したときにはスピーディーに労働者を救済するとともに労働者とその家族の生活を保障するために労働基準法と労働者災害補償保険法によって労災補償制度が設けられています（労災の補償）。

労働安全衛生

　労働安全衛生法は、労災の防止をはかるための法律ですが、労働条件の改善により安全衛生の確保を目指す点に特徴があり、加えて、安全衛生管理体制の強化をはかるとともに事業者以外の者の安全衛生義務も規定しています（危険な機械・有害材料の製造・流通過程の関係者や危険な工事の元請事業者・注文者などに対しても罰則付きの義務を課しています）。また、厚生労働大臣が策定する「労働災害防止計画」に基づき強力な行政指導がなされることも予定されています。

　労働安全衛生法の概要ですが、労働災害防止計画（6 条から 9 条）、安全衛生管理体制（10 条から 19 条の 3）、労働者の危険または健康障害を防止するための措置（20 条から 36 条）、機械及び有害物に関する規制（37 条から 58 条）、労働者の就業にあたっての措置（59 条から 63 条）、健康の保持・増進のための措置（64 条から 71 条）、快適な職場環境の形成のための措置（71 条の 2 から 71 条の 4）、安全衛生改善計画等（78 条から 87 条）、監督等（88 条から 100 条：労基署長・労基官・産業安全専門官・労働衛生専門官・労働衛生指導医などが監督にあたり、労働安全衛生法違反の場合の労働者の申告権も規定されています）、

罰則（115条の3から123条）といった事項が主な規定内容になっています。なお、労働安全衛生法を受けて、労働安全衛生規則がより詳細な定めを置いています。

労災補償制度

　不幸にも仕事中に災害にあってけがをしたり仕事が原因で病気になったりした場合には、スピーディーに被災労働者やその遺族を保護し補償を行う必要がありますが、そのためのシステムが労災補償制度です（ちなみに、もしも労災補償制度がなく、裁判を起こして損害賠償を請求するとなれば、時間と費用がかかるとともに、使用者の過失が必要で、しかも過失や因果関係などについて労働者側の立証などが求められるため、労働者ないしその遺族が賠償を受けることは実際にはなかなか困難となります）。労災については、まず、労働基準法が使用者に無過失の補償責任を課しています（労働基準法75条以下）。危険を支配する者が責任を負うべきであるという危険責任と労働者を使用して利益を上げる者がリスクとして労災の責任も負うべきであるという報償責任の2つが無過失責任の基礎にある考えです。しかし、使用者にお金がないとせっかくの補償責任も絵に描いた餅になります（使用者が責任を負っても実際には労働者は補償を受けることができないことにもなります）。そこで、国が労働者災害補償保険法（労災保険法）により労災保険制度（使用者の労災責任の責任保険の制度）を作って使用者から保険料を徴収し、もしもの場合は国が使用者に代わって保険給付を行うことで労働者が必ず補償を受けることができるようにしています。これは交通事故と自賠責保険（特に強制保険）の関係（みなさんにお金がないのでもしもの事故に備えて保険に入っておくこと）との対比で考えるとわかりやすいと思います。このようにわが国の労災補償制度は労働基準法と労災保険法の2本立てとなっているのですが、これにより簡易・迅速に労働者やその遺族に補償がなされる仕組みになっています。なお、使用者は原則として人を雇えば労災保険に加入しなければなりません。正社員のみならずパートやアルバイト、有期の契約社員や嘱託、あるいは大学等の非常勤講師なども対象になります。

業務上災害と労災補償

　労災保険法7条1項1号は労災を「業務上災害」と呼び、「労働者の業務上の負傷、疾病、傷害又は死亡」と定義しています。爆発や機械に巻き込まれるなどの突発的な災害によって負傷・疾病・障害・死亡した場合には、業務上災害であることがわかりやすいのであまり問題は生じません（使用者の支配下にあることを示す業務遂行性と業務にともなう危険が具体化したことを示す業務起因性の2要件を充たすかで業務上かどうかを判断します）が、じわじわと病気にかかったような場合（これは性質上業務起因性が問題となります）には仕事が原因（業務上）かどうかはっきりしない場合があります（職業性疾病）。そこで、労働基準法75条2項は労働基準法施行規則35条に委任してその別表1の2でこういう病気ならば労災になりますよという例示列挙を行っています。これはあくまで例示ですから、それ以外であっても労働者や遺族がこの病気は仕事が原因であるということを立証すれば労災保険の給付を受けることができます。現在大きな社会問題となっている働き過ぎ・過重労働・オーバーワークを理由とする脳・心臓疾患（過労死も含まれます）や働き過ぎ・過重労働・オーバーワークや仕事のストレスためにメンタルヘルスが不調となったり損なわれたりする精神疾患（精神疾患の結果なされる過労自殺も含まれます）の場合には別表に挙がってはいるものの、脳・心臓疾患（あるいは過労死）や精神疾患（あるいは過労自殺）は私病や私的理由によるものとの区別がつきにくいため果たして業務上か否かの判断が困難なことが多く、厚生労働省はこういう場合だとそれらが労災（業務上災害）になりますよという基準を示しています（平13年12月12日基発1063号「脳血管疾患及び虚血性心疾患等（負傷に起因するものを除く。）の認定基準について」、平11年9月14日基発544号「心理的負担による精神障害等に係る業務場外の判断基準について」、平11年9月14日基発545号「心理的負荷による精神障害等に係る業務上外の判断指針」、平23年12月26日基発1226号「心理的負荷による精神障害の認定基準について」）。なお、過労死や過労自殺は社会問題化していることもあり、世論を背景に、2014年に過労死等防止対策推進法が制定されました。この法律に基づいて調査・研究をはじめとして過労死防止に向けての各種対策がなされるとともに、過労死等の防止のための対策に関する大綱が閣議決定されることになっ

ています。

労災保険の給付手続と通勤災害

　労災保険の補償給付を受けるためには労働者や遺族が労働基準監督署長に対して給付申請を行う必要があり、これを受けて労働基準監督署長が業務上と認め支給決定をすれば給付がなされます。不支給決定がなされこれに異議のある場合には労災保険審査官の決定を経て取消訴訟（行政訴訟）を提起することも可能です（審査請求前置主義）。厚生労働省本省に置かれた労働保険審査会に再審査を請求することもできます。

　労災給付の種類には次のようなものがあります（労災保険法12条の8）。療養補償給付、休業補償給付、障害補償給付、遺族補償給付、葬祭料、傷病補償年金、介護補償給付（労災保険法13条以下参照）。また、労働安全衛生法に基づく定期健康診断等のうち直近のものにおいて過労死等に関連する血圧の測定等の項目について異常の所見が認められる場合には労働者の請求に基づいて二次健康診断等給付がなされます（労災保険法26条以下）。

　なお、労災保険法は通勤、すなわち、①会社への行き帰り（住居と就業の場所との間の往復）、②勤務先会社から異なる勤務先会社への移動（就業の場所から他の就業の場所への移動）、③家族の住む住居と単身赴任先住居との往復の間の移動を合理的な経路および方法により行うことによって事故にあったような場合に通勤災害（労働者の通勤による負傷、疾病、障害または死亡）になるとして労災（業務上災害）と同様の給付を行うことを規定しています（労災保険法7条1項3号）。

労災民訴

　労災補償給付は給料をもとに計算された一定額となっていますので（労災補償の定型性）、労働者が被った損害をすべてカバーするものとはなっていません。そこで、労災保険でカバーされない損害の部分は労働者あるいは遺族が会社（使用者）を相手取って民事裁判（労災民訴）を起こし、損害賠償請求する必要があります（ただし、これは無過失責任ではありません）。判例は、信義則（民法1条2項）を用いて使用者には労働者を労災にあわさないように配

慮する安全配慮義務があり、労災が起こった場合には義務違反（債務不履行）
として使用者は労働者に損害賠償を支払わなければならないと判示してきま
した（川義事件・最三小判昭 59・4・10 民集 38 巻 6 号 557 頁）。過労死や過労自
殺などで裁判が起こされるケースも増えています（過労自殺について注目を浴
びた例として、電通事件・最二小判平 12・3・24 労判 779 号 13 頁があります）。と
にかく過労死、過労自殺、メンタルヘルスの不調（仕事が原因のものだけでは
なく職場いじめやパワハラを原因とするものも増えています）などが深刻な社会
問題となるにつれて、このような安全配慮義務は単に施設・設備・労働場所
などに関して安全に配慮する義務を超えて（メンタルヘルスも含めて）心身の
健康に対して一定の措置をとるべき健康配慮義務（システムコンサルタント事
件・東京高判平 11・7・28 労判 770 号 58 頁、前掲・電通事件・最判）やいじめ防
止義務（川崎市水道局事件・東京高判平 15・3・25 労判 849 号 87 頁、誠昇会北本
共済病院事件・さいたま地判平 16・9・24 労判 883 号 38 頁）という形で拡大され
る傾向にあります。とにかく、使用者は労働契約を締結した以上、物的に労
災事故を起こさないだけではなく、労働者を過労死や過労自殺させてはなら
ないし、いじめからも守らねばならない（したがって、そのための措置をとら
なければならない）義務があるということを肝に銘じておく必要があります。
ちなみに、安全配慮義務違反に対しては債務不履行のみならず不法行為で損
害賠償請求することも可能です。なお、安全配慮義務をめぐる法理は判例に
おいて確立したものとなり、しかも極めて重要なので、いまでは「使用者は、
労働契約に伴い、労働者がその生命、身体等の安全を確保しつつ労働するこ
とができるよう、必要な配慮をするものとする。」という形で労働契約法 5 条
に規定されるに至っています。

第4章　労働者の集団的利益代表システムと集団的労使関係のルール

1　労働組合と集団的労働条件の決定

労働組合の必要性・重要性とその基本的性格

　労働組合と聞くとあまりなじみや関心がなかったり、自分とは関係がないと思う人が多くいるかもしれません。また、何か堅苦しい組織であると感じる方もあるでしょう。しかし、それは間違いです。労働組合は、同じ立場に置かれた労働者が仲間と連帯し団結して自分たちの手で作り上げた（セルフメイドの）自分たちを守るための雇用社会のセーフティーネットであり、また使用者に対してみなさんの利益を擁護する集団的利益代表システムでもあって非常に重要なものなのです。雇用社会における自己決定に基づく集団的自己防衛システムであり、決して他律的なものではないのです。

　使用者＝企業は労働者に比べて大きな社会的・経済的・組織的な力（社会的権力）を持っています。したがって、労働者1人1人では使用者と対等の立場に立って労働条件を決めること(特に労働基準法は全国一律の労働条件の最低基準しか定めていませんので、その上積みや企業ごとの適切な労働条件の設定が重要となります)は困難です（放っておけば公正を欠き、ひいては過酷なあるいは劣悪な労働条件となってしまうおそれがあります）し、また使用者が企業内いじめやセクハラなどを行うような場合やリストラなどの場合でも労働者が1人で対応することはなかなか難しい状況となっています。そこで労働者が大勢集まり労働組合を結成して（連帯し団結して）力をつけることによってはじめて使用者と対等の立場で労働条件を決定したり労働問題・雇用問題に対処したりすることが可能になると考えられます（「団結は力なり！」ともいわれますが、要は使用者との力の均衡が重要なのです）。憲法はこのような前提のもと28条で組合を作る権利（団結権）・団体交渉をする権利（団体交渉権）・ストラ

イキなどの争議行為を行う権利（争議権）ないし団体行動権を労働者の人権として保障しており（この憲法28条の権利はまとめて労働基本権とか労働三権と呼ばれます）、これを受けて労働組合法が労働組合の権利の具体化をはかっています。ちなみに、なぜストライキなどの争議行為を行うことが人権として保障されているのかといえば、組合を作っても労働者は使用者と対等の立場を維持するのが困難な場合が多く、ストライキなどによって使用者に圧力を及ぼすことによってようやく対等の交渉を行うことが可能となると考えられるからです。つまり、使用者と対等な力をつけるための労働者側の武器（いわば労働者の殿下の宝刀）が争議権なのです。

労働組合法の目的

　労働組合法1条1項は労働組合法の目的として次の3つを掲げていますが、それは憲法28条の労働基本権の規定を踏まえてのことであり、以上で見てきたことを確認する形になっています。

　①　労働者が使用者との交渉において対等の立場に立つことを促進することにより労働者の地位を向上させること（労働者の地位の向上）

　②　労働者がその労働条件について交渉するために自ら代表者を選出すること、その他の団体行動を行うために自主的に労働組合を組織し、団結することを擁護すること（団結の擁護）

　③　使用者と労働者との関係を規制する労働協約を締結するための団体交渉をすることおよびその手続を助成すること（団体交渉の助成）

　つまり、労働者が地位を向上させるため（これは労働者の生存権擁護のためといってもよいでしょう）労働組合を作って（団結して）使用者と対等の立場に立ち、団体交渉を行って労働協約を締結することを労働組合法はサポートするといっているのです。

労働組合の要件

　さて、労働組合とはいかなる団体をいうのでしょうか。労働組合法2条本文は労働組合とは「労働者が主体となって自主的に労働条件の維持改善その他経済的地位の向上を図ることを主たる目的として組織する団体又はその連

合団体という」と規定しています。この労働組合であるための要件を詳しくみておきましょう。

①　目的の要件

雇用における労働者の生存権を擁護するのが労働組合ですからあくまで労働者の経済的地位の向上をメインの目的にしなければなりません。この点に関し、労働組合法2条但書3号・4号は共済事業その他福利事業のみを目的とするものや主として政治運動または社会運動を目的とするものを労働組合とは認めないと規定していますが、これは念のために規定したものであると解されています。なお、労働者の経済的地位の向上を主たる目的としていれば副次的に（サブとして）福利厚生や政治運動や社会運動を目的とすることは可能です。

②　主体性の要件

労働組合は労働者保護のための団体ですから労働者がイニシアティブをとって結成するとともに労働者がメインの構成員でなければなりません。労働者がメインとなっていれば多少他の人（たとえば、労働者の専業主婦の配偶者など）が入っていても労働組合と認められます。

③　自主性の要件

労働組合は使用者に対して労働者の利益を守る団体ですからその結成・運営が使用者の影響から免れて独立して行われるとともに（独立性）、純粋に利害の共通する労働者によって（純粋性）自主的になされる必要があります（独立性と純粋性を合わせて自主性といいます）。なお、労働組合法2条はさらに本文とは別に但書を設けていますが、その1号は純粋性を担保するために使用者の利益代表者の加入を許すものを労働組合法上は労働組合とは認めない（つまり、会社側の人間が入っていてはいざという時に組合員の利益擁護がはかれないからダメよということなのです）と、2号は独立性を担保するために使用者から経費援助を受けるものを同じく労働組合法上は労働組合とは認めない（つまり、ヒモつきは弱腰となるからダメよということなのです）として加重要件（特別要件）を定めています。ただ、ここでいう利益代表者とは人事・労務の管理職のことであると狭く考えられており、たとえばリストラされかかった課長や部長などが自主的に労働組合（管理職組合と呼ばれます）を結成して問

題解決をはかることは認められます（セメダイン事件・最一小決平13・6・14労判807号5頁）。また、組合事務所を無償で貸与されることや労働時間中に団体交渉を行ったからといってその分の賃金を差し引かないことや福利基金への寄附は経費援助にあたりませんし、労働組合の自主性を損なわない限り掲示板の貸与、在籍専従（組合の役員になった人などを休職扱いにして組合業務に専従することを認めることですが、使用者は休職中は給料を支払ってはいけません）、チェック・オフ（組合費を給料から天引きして組合に引き渡すことです）など使用者による一定の便宜供与も可能と解されています。

④　団体性の要件

労働組合は団体ですから1人ではできません。2人以上の組合員が必要です（しかし、最低2人いれば労働組合の結成は可能です）。複数の労働組合がさらに労働組合（連合団体）を結成することも可能です。なお、団体であるというためには、構成員（組合員）以外に、規約（組合の根本規則です）、機関（委員長などの執行機関、組合大会・総会などの意思決定機関、代表者など）、財産的基礎（活動資金）などといった社団としての要素が必要です。

3 種類の労働組合

以上が基本的な労働組合の定義です。労働組合法2条本文は憲法28条の趣旨を確認したものであると解されています。したがって、この定義を充たす労働組合は憲法28条の労働基本権が保障する保護（団結権、団交権、争議権ないし団体行動権）を享受することができます（このような組合を憲法組合といいます）。しかし、労働組合法は憲法にプラスアルファして特別の保護を設けており（たとえば、労働協約の規範的効力を規定する労働組合法16条など）、労働組合法上の組合としてこれを享受しようとすれば使用者の利益代表者の加入を認めず、使用者の経費援助を受けないという先に若干触れた労働組合法2条但書1号・2号の要件（これらは労働組合の自主性を制度的に担保しようとする目的で設けられたもので特別要件＝加重要件といえます）を併せて充たす必要があります。そして、さらに、労働委員会に不当労働行為の行政救済を申し立てて救済を受けたり、あるいは法人格取得、地域単位の労働協約の拡張適用の申立て、労働委員会の労働者委員の推薦などを行ったりしようとする

と、加えて組合規約に民主的運営を行うべきとする労働組合法5条2項の定める規定内容を記載するという要件（これを民主性の要件といいます）も充たし、労働委員会の資格審査を受ける必要があります（労働組合法5条1項）。若干複雑ですが、要は、現行法上は、3段階のハードルがあり、これに応じて3種類の労働組合が存することになります。つまり、労働組合法の言うことを聞くとそれに応じて特別の保護をあげるよという構造になっているのです。なお、すべての要件を充たした労働組合は法適合組合と呼ばれます。

労働組合法上の労働者概念

　先に見たように、労働組合法2条の労働組合の要件の1つとして「労働者」があがっています。これは労働基準法などの現に働いている者の労働条件を保護することをねらいとする法律とは若干違った角度から労働組合法3条に定義規定が置かれています。つまり、労働組合法3条は、「この法律で『労働者』とは、職業の種類を問わず、賃金、給料その他これに準ずる収入によつて生活する者をいう。」と規定しており、労働基準法9条や労働契約法2条1項が労働者の定義で挙げている事業や使用者に「使用される」ということを条文上は求めてはいません。以下ではこの違いを具体的に説明してみましょう。

　みなさんも企業などに雇われてワーキングライフを送り給料をもらうようになれば労働基準法上、そして労働契約上、労働者ということになります。普通は「労働者」といえば工場労働や現場労働等を行う人をイメージしがちですが、法律上はどんな職業であっても企業等と雇用関係にあれば労働者と呼ばれて保護を受けます（労働基準法9条、労働契約法2条1項）。したがって、たとえば、丸の内のサラリーマンや大学の先生も労働者ですし、非正規労働者も労働者であることに変わりはありませんし、学生であってもアルバイトをしていればれっきとした労働者であり法律の保護を受けることができます。個別的労働関係法の法的ルールについては基本的にどの法律に関しても同じように考えてよいでしょう。この点は既に第1章でお話しした通りです。要は、「使用される」人＝現に働いている人が労働者と捉えられるのです。

　これに対し、集団的労働関係法（労働組合法）のルールではもう少し広く、

現に働いている人のみならず、これから働こうとする人や失業者・求職者、かつて働いていた退職者・被解雇者なども労働者に含まれます。したがって、たとえば、就職をめぐってトラブルが生じたとか、会社を退職したけれども会社が退職金を払ってくれないとか、会社が違法にクビ切りをしたとして争う場合には、それらのトラブルを抱えた人は組合員となって労働組合を通じて団体交渉等でトラブルを解決することもできるわけです。つまり、個別的労働関係法は、その性格からして現に働いている人の労働条件を保護したりワーキングライフの展開をサポートすることしかできませんが、労働組合が保護したりサポートできるのは現に働いている人だけではありませんので、集団的労働関係法（労働組合法）においては「使用される」という要件が求められず労働者の対象がより広くなっているのです。

　以上のように、法律の趣旨ごとに（特に、個別的労働関係法と集団的労働関係法を分けて）労働者概念を考えていこうとする考え方を労働者概念の相対性と呼び、このような考え方自体については一般的に承認されています。ただ、さらに「現に働いている人」につき集団的労働関係法の労働者を広く捉えるべきかそれとも個別的労働関係法と同じに捉えるかについては争いがあります。かつての裁判例の傾向および有力な学説は集団的労働関係法上の労働者は団体交渉をさせるにふさわしい者をいうとして広く独自の観点から労働者を捉えようとしていました（放送局と自由出演契約を結んだ専属楽団員につき労働者性を認めた例として、CBC 管弦楽団事件・最一小判昭 51・5・6 民集 30 巻 4 号 437 頁）。しかし、近年の一部の下級審裁判例においては個別的労働関係法の労働者と同じ基準によって（狭く）労働者性を判断しようとするものが目立つようになってきていました（劇場と契約したオペラ歌手につき労働者性を否定した例として、国・中労委（新国立劇場運営財団）事件・東京高判平 21・3・25 労判 981 号 13 頁、水回り製品の修理を個人で行う下請のカスタマーエンジニアにつき労働者性を否定した例として、国・中労委（INAX メンテナンス）事件・東京高判平 21・9・16 労判 989 号 12 頁、音響製品修理業務の下請の個人代行店につき労働者性を否定した例として、国・中労委（ビクターサービスエンジニアリング）事件・東京高判平 22・8・26 労判 1012 号 86 頁）。けれども、最高裁は、このような一連の判決をひっくり返し、これらの者は労働組合法上の労働者であると

して広く労働者性を認める方向を確認し注目を集めました（国・中労委（新国立劇場運営財団）事件・最三小判平23・4・12労判1026号6頁、国・中労委（INAXメンテナンス）事件・最三小判平23・4・12労判1026号27頁、国・中労委（ビクターサービスエンジニアリング）事件・最三小判平24・2・21労判1043号5頁）。

　その判断は、①事業組織への組入れ、②契約内容の一方的決定性、③報酬の労務提供対価性、④業務諾否の自由が存しないこと、⑤指揮命令、時間的・場所的拘束性、⑥顕著な事業者性などを総合考慮して行われます（①から⑤の要素が見られ、⑥の要素がなければ労働者ということになります）。これは団体交渉による保護を及ぼす必要性と適切性が認められるかどうかという観点（弱い立場にあるので組合を作らせて団体交渉させ自己の利益擁護をはからせるにふさわしいのはどのような人かという観点）からの判断であると考えられています。つまり、個別的労働関係法上の労働者が集団的労働関係法上の労働者に含まれることはいうまでもありませんが、さらに、たとえ請負契約や委任契約を締結して労務を提供する者であっても契約の相手方の事業組織に実質的に組み込まれることによって対等の事業主（＝独立の事業ないし企業）としての実体を失い（要は、対等性・独立性喪失の徴表が労働条件の一方的決定性や報酬の労務提供の対価性ということになり）、したがってそのような者が対等性を確保するためには労働者として団結し団体交渉を行うことが必要かつ適切であるとの結論に至ったと解されるのです。これには、たとえ国が行政監督等によって労働条件を保護することには適さないとしても、せめて自分たちが自主的に立ち上がって自分たちを守るために団結し団体交渉をすることだけでも認めてあげようとの配慮が働いているといえます。プロ野球選手も労働者と認められ、プロ野球選手会は1985年に東京都地方労働委員会（当時）の資格審査をパスしています（なお、プロ野球選手は個別的労働関係法上は労働者にあたるかどうかについてはいまだに議論のあるところです）。したがって、労働基準法などの個別的労働関係法においては労働者とされない個人の独立自営業者などであっても先に示した判断要素を総合的に考慮した結果、労働組合法上の労働者とされる可能性があり、それが認められれば労働組合を結成して団体交渉などにより問題を解決する道が開かれているのです。近年、（個別的労働関係法上の責任や負担を回避するという意味も含めて）多くの企業が

個々の労務提供者と請負契約や委任契約を結んで、あるいはクラウドワーカー（ギグワーカー）やフリーランスと契約して業務運営を行うという非労働者化政策を進める傾向が強くみられますが、そういう場合でもそのような労務供給者は労働組合法に関しては労働者と認められる可能性があり、この点をはっきりと認識することが重要といえます。ですから、集団的労働関係法をめぐるこの第4章の記述は通常のワーキングライフを送っている人の範囲を超えて広く役立つものと思われます。ちなみに、コンビニ店長の組合とフランチャイザーのコンビニ統括会社（本社）との団体交渉の可否（したがって、コンビニ店長は労働者か否か）が近頃問題となり世論を騒がしたことをご記憶の方もおられると思います。これについては、都道府県労働委員会のレベル（岡山、東京）ではフランチャイズのコンビニ店長が労働者と認められた例もあるのですが、結局は中央労働委員会で労働者性が否定されました。また、フランチャイズの公文の指導者が労働委員会（東京）で労働者と認められた例もあります。他にも Uber Eats のクラウドワーカーの組合の団体交渉がどうなるかも注目を集めています。

労働組合の結成

　わが国では労働組合の自由設立主義がとられています。労働組合の結成は団結権という人権（憲法28条）の行使ですから自由に設立できることはいわば当然のことといえます。したがって、人数も2人以上であれば自由ですし、企業別でも産業別でも地域別でもかまいませんし、構成員の範囲も原則として自由に決めることができます（ただし、合理的な理由もないのに加入資格を人種、信条、性別、社会的身分、門地といった憲法14条1項があげるような事由で制限しているかあるいはそのような事由で加入を拒否する場合には、公序良俗違反とされる可能性があります）し、役所（行政）への届出や役所（行政）による許可・認可も必要ありません。ただ、既に触れたように、労働組合法上のすべての保護やサービスを受けようと思えば、労働組合法5条に従って労働委員会の資格審査を受ける（つまり、法適合組合であるとのお墨付きをもらう）必要があります。ちなみに、労働組合の結成は難しい法律用語でいえば合同行為（団体を設立しようという同方向の複数の意思表示の合致）ということになりま

す。

　なお、構成員（組合員）の範囲については、わが国では、企業の正社員だけで作る企業別組合が主流ですが、最近では、会社を超えて一定の地域で労働者を組織する合同労組（コミュニティ・ユニオンともいいます）、管理職だけで作る管理職ユニオン、パートだけで作るパートユニオン、女性だけで作る女性ユニオン、派遣労働者で作る派遣ユニオン、アルバイト学生が作るバイトユニオンなどもみられるようになってきています。とくに、合同労組（コミュニティ・ユニオン）は中小企業の労働者の駆け込み寺として注目されており、色々な労働紛争解決に活躍・貢献しています（後にも述べるように1人でも自己の雇用する労働者が入っていれば使用者は団体交渉に応じなければなりませんので、いざというときにはコミュニティ・ユニオンが力を発揮するのです）。

　ちなみに、既に若干触れたところですが、労働組合法2条但書1号は組合が自主性（純粋性）を保持できるように会社側の人間（使用者の利益代表者）が組合に入った場合には労働組合法上は組合とは認めませんよと言っているのですが、この場合の会社側の人間（使用者の利益代表者）とは人事・労務の管理職であると狭く解されており、普通の管理職であれば労働者の定義を充たしているため組合加入はOKとされています（セメダイン事件・最一小決平13・6・14労判807号5頁）。最近では、リストラなどで部長や課長も大変な目に遭っている（しかも、1人では対処できない）のが実情ですから、そういう人たちも労働者として労働組合（管理職組合）を作ってみんなでリストラを跳ね返したりする必要があるのです。ただし、加入の結果、（組合が会社に支配されることになるというように）実質的にみて労働組合法2条本文にいう自主性の要件が充たされなくなれば、そもそも労働組合としての保護を受けないことになりますので注意する必要があります。また、女性ユニオンについても、女性労働者の経済的地位の向上を目的とするのであれば労働組合と認められます。ただし、資格審査にかかわる労働組合法5条2項4号との関係で女性ユニオンといっても規約上は男も入れる（つまり、女性ユニオンだけれども男が来ても入れてあげるよ）という建前ないし体裁にしておく必要があります。

企業別組合の特徴

　ここでわが国の主たる組織形態である企業別組合の特徴を見ておきましょう。ヨーロッパでは産業（たとえば、鉄鋼とか銀行とか機械とか）ごとに労働組合が組織される産業別組合が主流であり、産業の労働条件を全国的（あるいは地域的）に統一し規制する傾向があります。これに対し、企業別組合は産業レベルの規制力は持ちませんが、企業ごとの労働条件をきめ細かく規制し、労働条件を企業の実情に合ったものとしています。また、従業員の範囲と組合員の範囲が一致し、後述のユニオン・ショップ協定と相まって、従業員の一括加入という傾向もみられます。なお、企業別組合という特徴は、終身雇用制、年功処遇制と合わせて日本的雇用慣行を形成しており、三種の神器とも呼ばれます。つまり、終身雇用制や年功処遇制を支え、内部労働市場において従業員の雇用の維持・確保や利益擁護をはかって来たのが企業別組合であったのです。ただ、これまでは組合員の範囲を正社員に限定する傾向があり、非正規従業員が増加する現在では大きな問題となっています。もっとも、近年、非正規従業員の加入を認める企業別組合や非正規従業員の労働条件改善にも取り組む企業別組合も少数とはいえようやく徐々に見られるようになってきているのも事実です。

労働組合への加入と労働組合からの脱退

　労働者の労働組合への加入は組合と加入契約を結んでなされます。つまり、加入は労働者の自由意思によるのです。組合員の権利・義務は組合規約で定められています。脱退も自由です（東芝労働組合小向支部・東芝事件・最二小判平19・2・2判時1988号145頁）。入るも出るもみなさん次第なのです。この意味で労働組合は私的任意団体といえます。

ユニオン・ショップ協定

　ただ、労働組合が使用者と従業員は全員組合に加入すべき旨を定めるユニオン・ショップ協定というもの（要は、従業員は全員組合員でなければならないとする組合締付条項と未加入者・脱退者・被除名者を使用者が解雇すべき旨を定める解雇条項からなる組合と使用者の労働協約上の合意です）を結んでいれば、

労働者が（いくら自由意思であるからといって）組合に加入しなかったり、（いくら脱退の自由があるからといって）組合から脱退したり、組合を除名されたりすれば会社からクビにされる（解雇される）ことになりますので注意を要します。団結強化の観点（労働者の生存権を守ろうとすればみんなが加入する強い団結が必要であるという観点）からユニオン・ショップ協定の有効性を認めるのが通説・判例（日本食塩製造事件・最二小判昭 50・4・25 民集 29 巻 4 号 456 頁）の立場です（したがって、ユニオン・ショップ協定に基づく解雇も有効とされます）。ちなみに、この考えの背景には、労働者も労働組合に入らないよりは入った方が有利であるとの考慮もあるように思われます。

　わが国では大企業を中心にこのユニオン・ショップ協定が広範に普及しています。これにより従業員の企業別組合への一括加入が実現します。しかし、憲法 28 条によって団結権が保障されていますから、労働者には組合選択の自由（好きな組合に入る自由）があります。また、他の組合の団結権を保護・尊重する必要もあります。そこで、たとえば、A 組合がユニオン・ショップ協定を結んでいても、労働者が B 組合（別組合）に入りたいと思い B 組合に加入するか、あるいは新たに C 組合（新組合）を結成すればユニオン・ショップ協定の効力は及びません（つまりクビにはされません）し、A 組合から脱退したり除名されたりした場合でも別組合に入るか新組合を結成すればユニオン・ショップ協定の効力は及びません（三井倉庫港運事件・最一小判平元・12・14 労判 552 号 6 頁：正確にいえば、この判例は効力の及ぶ範囲を制限するのではなく、公序良俗違反によるユニオン・ショップ協定の一部無効の法理を用いています）。また、除名が無効であれば解雇も権利濫用で無効となり（日本食塩製造事件・最二小判昭 50・4・25 民集 29 巻 4 号 456 頁）、使用者は解雇期間中の賃金を支払わなければなりません（清心会山本病院事件・最一小判昭 59・3・29 労判 427 号 17 頁）。ちなみに、近年、労働者の自己決定を重視する立場からはユニオン・ショップ協定は労働者の自己決定（消極的団結権、つまり組合に加入しない自由）を侵害し無効ではないかという疑問（自主的な団体のはずが解雇の脅威のもとで加入を強制するのはおかしいのではないかとの疑問）が有力に提起されてきています（加えて、そもそも一般的に解雇は難しいはずなのに労働組合に入らないというだけでそう簡単にクビを切ってもいいのかという疑問もありま

す)。みなさんはどう考えるでしょうか。

労働組合の運営

労働組合の運営については、組合自治（団結自治）といって組合が組合規約に従って自主的に運営します(規約自治)。組合規約は労働組合の組織や運営、組合員の権利・義務が記載された根本規則で、いわば労働組合の憲法とでもいうべき重要なものです。また、労働組合の性格から考えて組合を民主的に運営することが必要であると解されています(組合民主主義の原則)。つまり、労働組合は組合員に平等の権利を与えて平等に取り扱い、また組合員の多数決に基づいて運営されなければならないのです。組合運営に参加する権利も平等に認められなければなりませんし、言論の自由も尊重されなければなりません。そうでないと強固な団結は維持できませんし、組合員の支持も得られませんよね。「みんなでやろうや」ということで労働者が自分たちで立ち上がり自主的に組合の結成・加入・運営を行うのですから当然のことなのです。したがって、この組合民主主義の原則は強行的原則であり、これに反する組合運営や決議などは違法・無効とされます。通常、労働組合の業務執行は委員長、副委員長などの役員や執行委員会などによって行われ、大きな組合では細かな意思決定は中央委員会や代議員会に委ねられていますが、組合民主主義の観点から組合総会ないし組合大会が基本的な意思決定機関として根本的重要性を有することになり、重要な基本的事項は組合総会ないし組合大会で手続に従って組合員の多数決に基づいて決定されなければなりません。

2　団体交渉と労働協約 （集団的労働条件の決定）

団体交渉の意義

労働組合は使用者と対等の立場に立って団体交渉を行い、その結果として合意により労働条件を決めたり労使間の集団的ルール（組合と使用者の間の関係を規律するルール）を設定したりする労働協約という文書を締結します（これを労使自治の原則といいますが、通常は、労働協約で定めたルールに基づいて労使関係が運営される、つまり自分たちの関係は自分たちで決めることになりますの

で、協約自治の原則とも呼ばれることがあります）。特に、賃金アップなどの労働条件の集団的引上げ・向上や労使間の様々なルールの設定が団体交渉において重要となっていますが、年俸制など個別的に賃金額が決定される場合であってもその決定のためにみんなが従うべき公正なルール（集団的統一的ルール）が存することが必要で、そのようなルールは団体交渉で設定されます。また、団体交渉によって労使間の様々なトラブル（たとえば、労働者が1人では立ち向かうことが困難である企業内いじめやセクハラやリストラなど）も解決されます。そして、団体交渉によって労使の意思疎通やコミュニケーションがはかられる（特に労働者の声が経営に届くという点が重要です）とともに、労働者の経営参加や経営民主化が実現することにもなります。

　ちなみに、団体交渉とは、多くの組合員が出て行って交渉に臨むのではなく、あくまで組合の代表者（数名程度）が、組合の力を背景として、話し合いにふさわしい態様で（冷静に）使用者と交渉することです。とにかく、労働組合法はこのように労使が自主的に交渉を通じてルール設定や紛争解決を行うこと（自分たちのルールは自分たちで作ること）を前提に、労使対等の土俵を設定しようとしています。

　なお、労働条件の集団的決定をめぐって団体交渉が行われる以外にも、個別的な労働紛争が労働組合に持ち込まれて集団的紛争として団交のテーブルに乗せられるケースが増加しています。たとえば、労働組合による組合員の違法解雇撤回の要求、セクハラ・パワハラ・職場いじめの対処、苦情の処理、年俸額交渉のサポート・代理・陪席、人事への対処や合同労組の事例などです。組合員1人1人が重要なのであり、その個人を守るための労働組合でもあるのです。見方を変えれば、個別的な問題や紛争でも労働組合が関係ないし関与すれば集団的な問題となります。ただ、団交で話し合いがつかず、その結果、それが労働者個人の個別的な紛争として労働審判や裁判の場に持ち出される場合も多くみられることも事実です（ただし、この場合でも労働組合が裁判等を支援したりサポートするのが通例です）。このように、団体交渉をめぐっては個別的な紛争と集団的な紛争が交錯していることがしばしばみられるのが現代の大きな特徴になっています。

団体交渉権と団交応諾義務・誠実交渉義務

　労働者には憲法28条によって人権として団体交渉権が保障されていますから、使用者は労働組合の交渉申し入れに対してはこれに応じなければならないことになります（使用者の団交応諾義務）。企業別組合のみならず合同労組などの企業外の組合であっても（1人でも）自己の従業員（正社員に限らずアルバイトや非正規社員でも同様です）が加入している場合には使用者は交渉を義務づけられます。交渉はしていても不誠実な態度をとると交渉拒否（団交拒否）とみなされますので、使用者は誠実に（フェアに）交渉を行う必要（義務）があります（これを誠実交渉義務といいます）。誠実交渉義務とは、合意へ向けての真摯な努力をする義務であると考えられており、具体的には、対案の提示と資料・情報の提供と十分な説明、根拠なく自己の主張に固執しないこと、交渉権限を有する者の出席、引き延ばし戦術をしないことなどが義務内容であると解されています（カールツアイス事件・東京地判平元・9・22労判548号64頁）。言い換えれば、使用者には合意に向けて労働組合を交渉相手と認め実質的な形で公正に誠意ある対応・態度で交渉する義務があるのです。使用者は相手とがっぷり四つに組む必要があるのであって、単に話を聞いておくにとどめるとか木で鼻をくくったような対応で臨むとかはいけません。なお、団体交渉の性格上、使用者が交渉を義務づけられるのは、使用者が適法に処分可能な労働関係上の事項（組合員の労働条件などの事項と労使関係のルールも含め労働組合自身に関する事項）に限られることになります（これを義務的団交事項といいます）。義務的団交事項には統一的な集団的労働条件のみならず組合員の個別的な問題やトラブルも含みます。ちなみに、義務的団交事項以外でも使用者が任意に交渉に応じることは可能です。

　使用者が義務的団交事項について正当な理由なく団体交渉を拒否したり不誠実交渉を行ったりする場合には、労働者側（労働組合）は団交拒否の不当労働行為（労働組合法7条2号）として労働委員会に救済を申し立てたり、裁判所に労働者側の団交を求めうる地位（使用者の団交に応ずべき地位）の確認の仮処分を申し立てることもできます。不法行為にあたるとして裁判で損害賠償を請求することも可能です。

　ただ、交渉はあくまで労使の取引（あるいは駆け引きといっていいかもしれま

せん）ですので、使用者は譲歩や合意を強制されることはありません。したがって、できれば合意を実現したいということで誠実に（フェアに）交渉したけれども、その結果、結局はこんな話はのめないとして交渉が「行き詰まり」（平行線）に達すれば使用者は交渉を打ち切ることができます。

　なお、労働組合は交渉をめぐる問題についていつも十分な知識や専門的な知識などを持っているとは限りませんので、交渉において労使対等性を確保するため、労働組合法6条は、「労働組合の代表者又は労働組合の委任を受けた者は、労働組合又は組合員のために使用者又はその団体と労働協約その他の事項に関して交渉する権限を有する。」と規定して、組合が必要と考えれば組合外の適任者、たとえば上部団体の役員や弁護士や学者や専門家に委任して団体交渉を任せることができるとしています。つまり、困ったときには助っ人に頼むことができるのです。したがって、使用者は、組合員以外の人（外部の人）が団体交渉に出てきたからといって交渉を拒否することはできません（ただし、使用者はまったく関係のない人と交渉する義務は負いませんので、労働組合は委任状を交付するなどして「この人は本当にうちが頼んだ人ですよ」ということ、つまり委任したことをきちんと証明する必要があるとは言えるでしょう）。

労使協議制と従業員代表制

　ちなみに、多くの企業では団体交渉とは別個に労働協約で労使協議制を定め、労働組合と定期的に協議が行われています。ここでは広く経営に関する情報の共有や意見交換なども行われます。労働組合のない事業場でもたとえば社員会や親睦会や発言型従業員組織が使用者と労使協議を行っている実態が広くみられます。場合によっては発言型従業員組織の声を聞いて労働条件が決定されたり、賃上げがなされたりというケースもあります。それだけ労使のコミュニケーションは必要かつ重要と考えられているのです。また、労働組合の組織率の低下（2021年の推定組織率は16.9パーセントです）を背景として、本格的で恒常的な法定の従業員代表制度を設けて労使協議を制度化すべき（あるいは集団的利益代表システムを確立すべき）であるという声も立法論として強まっています。ちなみに、ドイツやフランスではこのような法定の

従業員代表制度が設けられています（ドイツの事業所委員会、フランスの企業委員会と従業員代表委員）。この観点からみて、（新たな法律ができるまで）とにかくいまある制度を有効に使おうということで、労働基準法38条の4や41条の2で定められた労使同数の委員からなり「賃金、労働時間その他の当該事業場における労働条件に関する事項を調査審議し、事業主に対し当該事項について意見を述べることを目的とする委員会」と位置付けられる労使委員会が一定注目され、それらの条文が定める役割（企画業務型裁量労働制や高度プロフェッショナル制度の導入）を超えてその活用がなされることが期待されるところです（ただし、現状では労使員会が設置されている事業場は極めて少数にとどまっています）。

労働協約の意義

　労働協約については労働条件の決定・変更に関連して既に第2章である程度触れたところですが、ここでは（多少ダブるところがあるかもしれませんが、体系性を考慮して）労働組合と団体交渉に関連させてより詳しく見ておきましょう。労働協約とは労働組合と使用者の合意のことですが、単なる合意ではだめで、労働組合法14条は「労働組合と使用者又はその団体との間の労働条件その他に関する労働協約は、書面に作成し、両当事者が署名し、又は記名押印することによつてその効力を生ずる。」と規定しています（この点については、都南自動車教習所事件・最三小判平13・3・13労判805号23頁も参照）。要式性が求められるのです。

　ちなみに、労働協約は、通常、団体交渉が行われてそれが（場合によってはストライキなどの争議行為を経て）妥結し、その結果、締結されることになります。要は、団体交渉の成果といえます。懸案事項が解決したということでいわば労使で手打ちが行われたことになるのです。たとえば、みなさんもご存じのように、春闘の時期の給料のベースアップ（賃上げ）はこのような形で団体交渉と労働協約の締結を経てなされます。

　通常は、労働協約によって労働条件が引き上げられるのですが、不況や経営難などの場合には労働条件の引下げがなされることもあります。労働組合の目的は労働者の経済的地位の向上ですから（労働組合法2条）、一見したと

ころ労働条件を引き下げることはこの目的に反するようにもみえます。しかし、労働条件を引き下げることにより企業倒産や解雇（人員整理）などを回避し職（雇用）を守るということも組合の任務に含まれますので、労働組合はいざというときには機動的に労働条件の引下げに応じることもできるのです。要は、労使関係は労働力をめぐる集団的取引を基礎としたギブ・アンド・テイクの関係であって、したがって、労働組合（労働者側）は使用者の賃金等の労働条件引下げ提案（不利なこと）を飲む代わりに組合員の雇用の維持・確保（有利なこと）を使用者に飲ませるという事態も生じうるわけです。ただし、労働条件の引下げはいわば異例のことともいえますので、労働条件を引き下げる労働協約の締結をめぐっては特に慎重かつ厳格な手続が要請され、具体的には組合大会での議論・討議を経ての多数決（これを集団的授権といいます）が必要になると考えられます。なお、ついでに触れておけば、いくら労働組合といっても目的外のことはできませんし、労働者の私事・私生活や具体的な個人の権利（たとえば、既に発生している過去の賃金債権など）、労働者が自分で決めるべき事項（たとえば、自分の退職）に関しては労働組合は処分権を持ちませんので、それらについて労働協約を締結しても組合員を拘束することはできません。これを協約自治の限界といいます。労働組合だから何でもできるというわけではないのです。ただ、組合員の自己決定事項であっても組合員個人から頼まれたりして処分権を委ねられた場合には労働組合が団体交渉を行って労働協約を締結することは可能です。

　労働協約は、通常、①労働者の労働条件（賃金、労働時間など）および②組合と使用者間の労使関係のルール（組合事務所の貸与、在籍専従制度、チェック・オフ、ユニオン・ショップ、労使協議制、団体交渉のルール・手続、争議手続、争議条項など）の2つの部分から構成されます。このように労働協約は非常に重要なルールを含んでいますので、その内容をはっきりさせあとになってトラブルが生じないように書面の作成と両当事者の署名ないし記名押印が必要とされます（労働組合法14条）。また、長期間の協約を認めますと協約の内容（特に賃金などの労働条件）が時代や社会・経済の実情（社会・経済状況）にあわなくなるおそれがありますので、期間を定める場合には最長3年で、それ以上に長い期間を定めても3年に短縮されます。また、期間の定めのな

いものについては90日前の書面による予告により労使いずれからもいつで
も解約できるようになっています（労働組合法15条）。

労働協約の効力

　労働協約は労働組合と使用者の合意なので基本的に契約としての効力を持
ちますが、特に労働条件部分については直接に組合員に適用できる規範的な
効力が認められています（労働組合法16条）。具体的には、この効力は、違反
する労働契約条項を無効とする強行的効力、無効となった部分を労働協約基
準によるものとする直律的効力、労働契約に定めのない部分についても同様
とする補充的効力（これについても直律的効力と呼ばれることがあります）の3
つからなります。これらをまとめて労働協約の規範的効力といい、規範的効
力が認められる労働協約部分を規範的部分といいます。なお、強行的効力は
それを下回る契約条項のみならず上回る契約条項にも原則として（合理的な
理由がない限り、あるいは協約が最低基準を定めているのではない限り）及ぶとさ
れます（有利原則の否定：労働協約の両面的強行性）。このような結論に納得で
きないという人もおられるかもしれませんが、①事業場の最低基準を定める
就業規則については労働契約法12条が「就業規則で定める基準に達しない労
働条件を定める労働契約は、その部分については、無効とする」と規定して
いるのに対し、労働協約の規範的効力を定める労働組合法16条の規定は「労
働協約に定める労働条件その他の労働者の待遇に関する基準に違反する労働
契約の部分は、無効とする」となっており、「違反する」とは「達しない」と
異なって有利不利双方とも協約基準に反することと解されること、②わが国
の労働組合は企業別組合であり、したがって、労働協約は最低基準ではなく
あくまで企業の現実の労働条件（スタンダード）を定めるものであると考えら
れること、③労働組合には強固な団結が求められるため組合員に統制を行う
必要があること（つまり、1人だけの抜け駆けは許さないよということ）などが
有利原則を認めない理由となっています。したがって、労働条件の引下げに
ついても、労働組合の目的に反したり合理性が存しなかったりするなどの場
合を除いて労働協約の効力が及び、組合員の労働条件は引き下げられること
になります（朝日火災海上事件・最一小判平9・3・27労判713号27頁）。つま

り、労働協約条項が最低基準として規定されている場合を除いては協約よりも有利な労働条件は原則として認められないのです。もっとも、近年では労働条件の個別化や年俸制の普及などの傾向が広がるにともない労働協約が最低基準を定めている（したがって、基準よりも有利な労働条件を個別契約で定めることが認められる）と考えられる場合が増加しています。

　ちなみに、組合と使用者間のルール（集団的労使関係のルール）には契約としての効力（債務的効力）しかありませんので、注意する必要があります（この部分を債務的部分といいます）。なお、先に労働協約の締結はいわば労使間の手打ちだと書きましたが、これにより懸案事項が解決し協約の有効期間中は労使に平和（産業平和）が訪れるということができます。したがって、協約が締結されると、その有効期間中は、労使ともに解決済みの問題についてはもう蒸し返しはないと考えるのが通常であり、このような労使双方の信頼は守られる必要があるので、労使双方とも有効期間中においては協約で既定の事項についてその改廃を目的として争議行為を行わないという平和義務（すべての争議行為ではなく期間と対象が限定されているので相対的平和義務とも言います）を信義則に基づいて負うと解されています（これも、黙示の義務ではありますが、したがって労働協約に具体的な記載はないのですが、通常は労働協約の債務的部分に含まれると言われています）。ただし、平和義務があっても次期協約に接着する合理的な期間内であれば新協約の締結に向けて労働組合は争議行為を行うことができます。

労働協約の拡張適用（一般的拘束力）

　労働協約（の労働条件部分）は、いうまでもなく、原則として組合員にのみ適用されます。しかし、労働組合法17条の要件（「一の工場事業場に常時使用される同種の労働者の4分の3以上の数の労働者が一の労働協約の適用を受けるに至つたとき」）や18条の要件（「一の地域において従業する同種の労働者の大部分が一の労働協約の適用を受けるに至つたとき」）を充たす場合には例外的に（事業場単位あるいは地域単位で）非組合員たる同種の労働者に対しても一種の公正労働基準として労働協約の効力が及ぶことになります（労働協約の拡張適用＝一般的拘束力）。労働組合法17条の事業場単位の拡張適用は要件が充たされ

れば自動的になされますが、労働組合法18条の地域単位の拡張適用は一定の行政上の手続（協約当事者の双方または一方の申立て、労働委員会の決議、厚生労働大臣または都道府県知事の決定という一連の手続）が必要です。なお、事業場単位の一般的拘束力制度を定める労働組合法17条に関する判例には、労働条件の引上げのみならず引下げの場合にも、原則として組合員でない者にも協約の拡張適用の効力が及ぶとしたものがあります（朝日火災海上保険事件・最三小判平8・3・26労判691号16頁）。

労働協約終了後の労働条件

　たとえば団体交渉がうまくいかないなどして新協約が締結されることなく労働協約の有効期間が満了してしまったような場合には、労働協約に自動延長条項などがあれば問題がないのですが、それがなければ労働協約は完全に失効してしまいます。

　そうなるとそれまでの労働条件は今後どうなるのかといった重大な問題が生じます。これにつき、理論構成には争いや対立があるものの、おおむね学説や裁判例は、結論的には、（旧協約が既に個々の労働者の契約内容となっているとか、旧協約の基準で行こうというのが個々の労使の合理的意思だとか、労働契約内容が空白になるのを避けるため旧協約基準が契約内容を補充するとかいった理由づけを行って）旧協約の基準をあくまで個々の労働者の労働契約内容として維持しようと試みています。

　これに対し、労使間のルール（集団的労使関係のルール）は労働組合と使用者の契約ですから、労働協約の終了により契約の効力は失効してしまうことになります。しかし、労働協約で定められていた労使間のルールが慣行となっていれば（たとえば、労働協約は有効期間1年だけれども労使関係のルールについては同じ内容のものがこれまでに繰り返し反復更新されてきたような場合には慣行が成立していると考えられる場合もあります）使用者はこれを無視することはできませんし、たとえ慣行とはなっていなくても使用者がかつて協約に規定されていたルールを無視するなどした場合（あるいは合意がなくなったとして組合事務所の返還を求めたような場合）には不当労働行為（いわば組合いじめ）が成立する余地があります。不当労働行為についてはもう少し後で述

べます。

3　集団的労使関係のトラブルと紛争解決

争議行為の意義

　団体交渉がうまくいかないとこれを打開し要求を実現するために労働組合は争議行為を行うことができます。争議権は憲法28条によって保障されている労働者の人権であり伝家の宝刀であって、したがって、ストライキなどの争議行為は単なる実力の行使ではないという点に注意する必要があります（ちなみに、争議権は労働者の人権ですので、必ずしも労働組合だけが行うことができるのではなく、一時的な団結である争議団の形を取って権利行使を行うこともできる点に注意する必要があります）。これによって最終的に労使対等が担保されます。つまり、社会的・経済的・組織的な力において労働者に優位する使用者に対して労働者側もいざというときには団結を背景とした力を行使することにより（いわば圧力をかけ）対等の立場に立つことで労働条件を改善したり労働者の経済的地位を向上させたりして生存権を実現・擁護することが可能となるのです。

　争議行為とは、ストライキのことだと考えられがちですが、それ以外にも仕事の能率を落とすスローダウン（怠業やサボタージュとも言われます）、ピケッティング、職場占拠、ボイコットなどがあり（ちなみに、ストライキにも全面（全部）ストだけではなく部分スト、指名スト、波状スト、間歇ストなど色々な形態があります）、一般的にはその共通項を捉えて使用者の正常な業務の運営を阻害する行為のことをいうとされます。なお、ここで問題となる業務阻害とは、決して営業妨害ということではなく、あくまで経営が通常通り機能しないことを意味します。争議行為は人権の行使ですから威力業務妨害罪や脅迫罪・強要罪などの犯罪にはなりません（労働組合法1条2項）し、ストライキで仕事をしなかったからといって労働者や労働組合が（債務不履行や不法行為を理由として）損害賠償を請求されることもありません（労働組合法8条）。これらは刑事免責および民事免責と呼ばれます。また、ストライキなどに参加したことを理由として使用者が労働者に対して懲戒処分や解雇などの不利

益取扱いを行うことも許されません（労働組合法7条1号）。ただし、保護を受けるのはあくまで争議行為（争議権の行使）が正当な場合に限られます。正当性は、主体、目的、態様、手続等を総合的にみて判断されます。もっとも、ノー・ワーク・ノー・ペイの原則は適用されますので、ストライキで働かなかったならばその分の賃金請求権は発生しません（給料をくれとまではいえません）ので注意する必要があります（ただ、スローダウンの場合には働いていますので能率を落とした分を差し引いて給料をよこせとは言えます）。

　なお、争議行為の目的は通常は団体交渉の促進ですが、労働者の経済的地位の向上という観点からは労働者の生存権を守るべく国や地方自治体を名宛人として行われる経済的政治スト（たとえば、国会に対して労働基準法改正を要求するとか、厚生労働大臣や厚生労働省に対して労働基準監督行政の強化を求めるとかして行われるストライキで、1社の組合だけが行っても効果がないので、通常は、全国に呼び掛けて行うことなどが問題となります）が認められるか（正当性を有するか）どうかが議論されています。学説は肯定説と否定説に分かれていますが、判例は一貫して政治ストの正当性を否定する立場に立っています（全逓東京中郵事件・最大判昭41・10・26刑集20巻8号901頁、全農林警職法事件・最大判昭48・4・25刑集27巻4号547頁）。

使用者側の争議行為＝ロックアウト

　憲法により、争議権は、労使対等性を保障するための圧力手段として、使用者に比して劣位に置かれる労働者側にのみ認められています。要は、争議権の行使によって労働者が使用者と対等の立場に立つことができるようにすることが憲法28条の予定するところなのです。しかし、労働者側の争議行為によりかえって労使間の勢力の均衡が破れ、使用者側が著しく不利な圧力や極めて大きな打撃を受けることになるような場合（特に、スローダウンや部分スト、指名スト、波状スト、間歇ストの場合などで一部の組合員が働くとかえって大きな影響が出てくるケースで、たとえば旅館やホテルなどにおいて労働組合が長期間にわたって日ごとにストと就労を繰り返すとか、調理・飲食・食堂部門や清掃部門のみの部分ストを行うとかして事実上お客を受け入れることができず旅館・ホテル機能がマヒした状態を考えれば、影響の甚大さと労働者が働く分の使用者の

賃金負担の大きさが理解できると思います）が生じることがあります。憲法28条は、あくまでも労使対等（力の均衡）を予定しているのであって、そこまで大きく均衡が崩れることを想定してはいません。そこで、労働組合側の争議行為が開始されており既に均衡が崩れている場合には、「衡平の理念」に基づき、使用者は崩れた均衡をもとに戻すべく（極めて例外的にですが）ロックアウトという争議行為を対抗防衛的に行い、争議行為を行っている労働組合の組合員の労務の受領を拒否することができるとされています（丸島水門事件・最三小判昭50・4・25民集29巻4号481頁）。使用者が争議行為を行うことができると聞くとビックリする方も出てくるかもしれませんが、集団的労働関係法の基礎はあくまで労使対等（力の均衡）の実現である（したがって、その基礎が歪み使用者側のバランスが崩れれば是正する必要がある）ということを肝に銘じておく必要があります。なお、ロックアウトというと語感からして事業場を閉鎖して労働者を締め出すというイメージがありますが、実は締め出しまでは必要ありません。使用者による労働者の労務受領拒否の通告だけでよいのです（ちなみに、対象者は争議行為を行っている組合の組合員に限られます）。ロックアウトが正当であると認められた場合には、使用者はロックアウトした組合員に対する賃金支払義務を免れます。

争議行為の調整

　労働者の争議権は人権ですから、あくまで労働者側が争議行為を行うことを法律が保護するという建前となっています。また、使用者のロックアウトも一定の場合に認められます。しかし、実際には、争議行為は労使間のトラブル（これをケンカにたとえた人もいます）であることにはかわりありませんし、争議行為が行われると当事者のみならず多くの人や社会にも一定の大きな影響が生じる可能性があります（たとえば、私鉄ストなどが起こると通勤・通学の足が奪われ多くの人に影響が出ます）。本音を言えば困ったことになったというのがみんなにとっての実際の感想といったところです。そこで、労働関係調整法という法律が争議行為のおそれがある場合や既に争議行為が発生してしまった場合などに、労使間の「トラブル＝紛争」の解決に労働委員会が乗り出すための争議調整の仕組み（斡旋、調停、仲裁など）を整えています（労

働争議の調整）。つまり、労働委員会が労使の間に入って「まあ、まあ、お互い肩肘つかずに仲良くやろうよ」と両者を取り持ってくれるのです。なお、労働関係調整法が対象とするのは争議行為（7条）だけではなく、より広く、労働関係の当事者間において労働関係に関する主張が一致しないでそのために争議行為が発生している状態または発生するおそれがある状態（6条）も含みます（言葉は似ていますがこれを労働争議といいます）。したがって、団体交渉がうまくいかないといった場合にも調整が可能となっています。調整のなかでは様々な形で柔軟にことを運ぶことができる斡旋が最も多くなっています。

不当労働行為の禁止

　使用者が労働組合を敵視ないし嫌悪してアンフェア（不公正）な行為（わかりやすくいうと組合に対するいじめ・嫌がらせや組合潰しなどと表現してもよいかもしれません）を行う場合があります。しかし、黙ってこれを放置しておけば労働組合が弱体化したり、良好な労使関係や労使自治、ひいては労働組合の活動・存在や労働者の生存権が損なわれたりするおそれがあります。そこで、労働組合法は7条で放置できない使用者のアンフェアな行為を不当労働行為として3つの類型（①1号・4号：組合の結成・加入や組合の正当な行為をしたことなどを理由とする解雇などの不利益取扱い、②2号：正当な理由のない団交拒否、③3号：組合に対する支配介入および経費援助）に分けて示したうえで禁止しています。②は既に団体交渉のところで説明しましたので、①と③について若干詳しく説明しておきましょう。不利益取扱いについては何がそれにあたるかについては広く解すべきとされており、具体的には、人事考課・査定差別、給与・賞与・昇給差別、昇格・昇進差別、懲戒処分、減給、降級・降格、配転、解雇、契約更新拒絶、残業差別などの経済上・労働関係上の不利益、単身赴任をともなう配転などの生活上の不利益、仕事を与えないとか無意味労働・屈辱的労働・苦痛労働・キャリアにふさわしくない労働を命じる、いじめ・嫌がらせを行う、あるいは職場行事へ参加させないとか職場八部にするなどの精神的不利益、組合活動ができない地方に配転するなどの組合活動上の不利益などが含まれます。また、課長以上が非組合員とされてい

るような場合に、異例の早さでの栄転・出世ということで課長に昇進させ非
組合員として組合活動ができなくなるようにすることも組合活動上の不利益
として不当労働行為が成立します（関東醸造事件・東京高判昭34・4・28労民集
10巻2号257頁、中央相互銀行事件・名古屋高判昭47・2・9判時663号92頁、津
田電線事件・京都地労委命令昭51・8・11命令集59集152頁）。次に、支配介入
とは、不当労働行為のなかで一番よく問題となるもので、使用者が合理的な
理由なしに労働組合に不当な影響を及ぼしたり、支配を試みたり、あるいは
干渉・妨害を行ったりするものをいいます。支配介入には、多様な形態があ
り、広範な行為が含まれます。たとえば、組合結成行為に対する妨害や非難、
組合内部運営や役員人事・選挙への介入・干渉・妨害・批判・非難、組合活
動への監視、合理的理由のない便宜供与の一方的廃止（中止）、労働協約破
棄・更新拒絶、労働組合の切り崩し、組合壊滅工作・分裂工作、組合員の脱
退工作・脱退勧誘、第二組合や親睦団体の結成ないし育成、組合幹部に対す
る金銭供与や飲食の供応による懐柔、正当な争議行為に対する批判・非難・
警告・威嚇・報復などです。また、確かに、使用者は言論の自由を持つとは
いえ、それが組合活動・運営に不当な影響を及ぼすかそのおそれがある場合
には支配介入とされることに注意する必要があります（新宿郵便局事件・最三
小判昭58・12・20労判241号20頁、具体的に、使用者の言論が支配介入にあたる
とされた例として、山岡内燃機事件・最二小判昭28・5・28民集8巻5号990頁、
プリマハム事件・最二小判昭57・9・10労判409号14頁）。ちなみに、組合委員
長（あるいは組合中心人物）の解雇や配転などの1号の不利益取扱い、そして
不誠実な団体交渉といった2号の団交拒否が同時に（組合に対し動揺・弱体化
をもたらすおそれがあるとして）3号の支配介入に該当するとされることも多
くみられます。①、②、③はそれぞれ独自の類型なのですが、このような1
つの行為が同時に複数の不当労働行為類型に（場合によっては、1号、2号、3
号のすべてにわたって）該当する場合がある点にも注意する必要があります。

不当労働行為の救済
　さて、使用者がこのような不当労働行為の禁止に違反した場合（つまり、
使用者が反組合的意図＝不当労働行為意思をもって組合にアンフェアな行為を

行った場合）には、労働組合（なお、法律上は労働者個人でもできることになっています）は行為のときから1年以内に都道府県庁に設けられた独立行政委員会である都道府県労働委員会に「助けてくれ」ということで救済を申し立てることができます。そして、労働委員会は裁判よりもずっと簡単な手続でスピーディーに審査を行い、申立てに理由ありと認めた場合には、使用者に「アンフェアな行為を止めろ！」、「一定の解消策をとれ！」、「団交に応じよ！」、「謝罪文書を掲示しろ（ないしは交付しろ）！」といった形で将来の良好な労使関係の形成をもにらみつつ適切妥当な救済命令を発してくれます（不当労働行為の救済命令）。労働委員会には救済に関し広範な裁量が認められています。このような仕組み（不当労働行為の行政救済制度といいますが、救済手続については労働組合法27条以下を参照してください）があるおかげで使用者が起こしたアンフェアな形のトラブルが解消し労働組合は弱体化することなく使用者と対等の立場に立って労働者の利益を守ることができるのです。なお、都道府県労働委員会の命令に不服がある場合には、労使のいずれとも、厚生労働省に設けられた中央労働委員会に再審査を申し立てることも、裁判所に取消訴訟（行政訴訟）を提起することもできます（もちろん、中央労働委員会の命令に対しても取消訴訟を提起することができます）。

　ちなみに、労働組合や労働者は不当労働行為を理由に直接に裁判（民事訴訟）を起こすことも可能で、解雇や配転の無効確認を求めたり、損害賠償請求を行ったりすることができます。また、労働委員会への救済申立てと並行して裁判所に民事訴訟を起こしてもかまいません。

不当労働行為の主体としての使用者

　なお、労働組合法には、労働基準法や労働契約法と異なって、「使用者」の定義がありませんので、労働組合法7条において不当労働行為が禁止されている使用者とは誰かが問題となります（特に、団交拒否をめぐって問題とされることが多くなっています）。これについては、「法律上独立した権利義務の帰属主体であることを要する」（済生会中央病院事件・最三小判昭60・7・19民集39巻5号1266頁）ものの（したがって、雇主たる法人や個人事業経営者、つまり事業主が使用者となり、部長や課長などは使用者とはなりませんが）、親会社や派

遣先企業などが現実的かつ具体的に労働条件を支配・決定できたり指揮命令
したりする地位にあれば（ちなみに、朝日放送事件・最三小判平7・2・28労判
668号11頁は「雇用主以外の事業主であっても、雇用主から労働者の派遣を受けて
自己の業務に従事させ、その労働者の基本的な労働条件等について、雇用主と部分
的とはいえ同視できる程度に現実的かつ具体的に支配、決定することができる地位
にある場合には、その限りにおいて、右事業主は同条の『使用者』に当たる」とし
ています）、あるいは被解雇者の駆け込み訴え（日本鋼管鶴見造船所事件・最三
小判昭60・7・15労判484号21頁）や季節雇用（万座硫黄事件・中労委昭27・
10・15命令集7集181頁）の事例のように過去における労働契約関係の存在や
（合併、事業譲渡、会社分割などの場合も含め）近い将来における労働契約関係
成立の可能性があれば、当該事業主は使用者性を認められる傾向にあります
（使用者概念の空間的拡張と時間的拡張）。なお、注目される近年の時間的拡張
の事例として、タイヤ製造業に従事していた元従業員（退職者）が加入する
労働組合が元従業員の勤務期間中の石綿使用・曝露や退職者に対し企業補償
制度を設けることなどにつき企業に団交を求めた事例に関し、「団体交渉を
通じ、労働条件等を調整して正常な労使関係の樹立を期するという上記労組
法の趣旨からすれば、使用者が、かつて存続した雇用関係から生じた労働条
件を巡る紛争として、当該紛争を適正に処理することが可能であり、かつ、
そのことが社会的にも期待される場合には、元従業員を『使用者が雇用する
労働者』と認め、使用者に団体交渉応諾義務を負わせるのが相当であるとい
える」と判示した、兵庫県・兵庫県労委（住友ゴム工業）事件・大阪高判平
21・12・22労判994号81頁（なお、同事件・最一小決平23・11・10別冊中労時
1413号46頁も参照）や直接雇用（直用）化を予定している派遣労働者との関
係における派遣先会社が使用者とされたクボタ事件・東京地判平23・3・17
労経速2105号13頁などがあります。
　ちなみに、団交、解雇、配転などはっきりと使用者の行為といえるものは
以上でよいのですが、社長、重役、部長・課長等の組合潰しや不当発言や組
合妨害などの行為の責任は原則として使用者に帰責されるという形をとりま
す。また、係長、平社員、第三者の行為などは使用者と意を通じて、あるい
は使用者の意を受けて行ったりすれば責任を使用者に帰責することができま

す。そして、「労働組合法 2 条 1 号所定の使用者の利益代表者に近接する職制上の地位にある者が使用者の意を体して労働組合に対する支配介入を行った場合には、使用者との間で具体的な意思の連絡がなくとも、当該支配介入をもって使用者の不当労働行為と評価することができるものである。」とされた事例もあります（JR 東海（新幹線東京運転所）事件・最二小判平 18・12・8 判時 1959 号 163 頁）。つまり、下級職制の場合には意を体しての場合でも使用者に帰責できることがあるのです。

第5章　ワークルールをめぐる紛争解決システム

司法による救済システム

雇用社会でトラブル＝紛争が起これば、普通のトラブルと同様に裁判所が白黒をつけてくれます。また、実際、われわれ国民の多くが雇用社会でワーキングライフを送っている状況を考えると、雇用社会におけるトラブルも数多く生じていると考えられます。しかし、裁判にはお金と時間がかかり、普通のサラリーマンが裁判を起こすことは大変でなかなかできるものではありません。そこで2004年に労働審判法が制定されて2006年から裁判所において個別的労働関係紛争をめぐる簡易迅速な紛争解決手続として労働審判が実施されています。原則3回以内の期日（具体的にはおよそ3か月以内）で解決を目指し、大きな実績を上げています。

行政による救済システム

また、労働者が泣き寝入りをすることになると、法のルールを作って雇用社会を規律しみんなが安心してワーキングライフを送れるようにしようというせっかくの理想が絵に描いた餅に終わってしまうことになります。そこで、個別労働紛争解決促進法（正式名称は「個別労働関係紛争の解決の促進に関する法律」）という法律が制定され、都道府県労働局長による助言・指導制度、都道府県労働局による相談（総合労働相談コーナー）、紛争調整委員会によるあっせんが行われています。また、この法律に基づいて、多くの県などでは労働委員会による相談・あっせん制度などの個別紛争処理もなされています。あっせんは実際に当事者に働きかけて解決に向け動き出すので一定のインパクトがあります。それ以外にも、国や都道府県などの行政が場合によっては一定の権限を持つ専門の部署（国でいえば、男女雇用機会均等法やパート問題については雇用環境・均等室（部）、労働基準法・安全衛生・労災・最低賃金などについては労働基準監督署、職業紹介や労働者派遣については公共職業安定所

（ハローワーク）、都道府県でいえば不当労働行為や労働組合や労働争議に関しては労働委員会、雇用・労働問題一般について労政課、労政事務所、労働相談コーナーなど）を設けてスピーディーに簡単な手続きで費用もかからずに（行政のサービスは無料という点に大きなメリットがあるのです）、相談に乗ってくれたり、トラブルを解決してくれたり、あるいはトラブル解決に向けてのサポートをしてくれたりする仕組みが整えられています。とにかく、労働に関してトラブルが生じたら、まずは、弁護士への相談や裁判を考える前に紛争解決のエキスパートを揃えたこれら国や都道府県の行政の窓口に相談することをおすすめします。

その他の救済システム

　また、企業も自主的にトラブル解決の窓口を労務部などに設けたり、労働組合と話し合いで労働協約によって苦情処理システムを設けたりしている場合があります。そして、法律の中には一定の問題についてこのような自主的なトラブル解決の仕組みを使用者が設けるべきことを述べているものもあります（男女雇用機会均等法 15 条、パート・有期労働法 22 条、障害者雇用促進法 74 条の 4）。なお、労働組合が組合員のために強い立場でトラブル解決に乗り出してくれることはいうまでもありません。

　ちなみに、労働組合や弁護士会や社会保険労務士会などが労働相談を行ってトラブル解決に一役買っていることもあります（ちなみに、社会保険労務士会にはあっせんを行っているところもあります）ので、これらを有効に活用することもひとつの手です。

　以上のような行政などのサービスやその他のシステムによってもトラブルが解決しない場合に、ようやく最後の手段として裁判所に訴えることになります。

　しかし、一番よいのは、そもそもトラブルが起こらないように労働者と使用者が雇用社会とワーキングライフのルール（ワークルール）をしっかりと押さえたうえできちんとそれを守ることであって、これが何よりもの基本であることを忘れてはいけません。

あとがき

　みなさんいかがでしたでしょうか。これまでざっと駆け足でワークルールの世界（あるいは小宇宙といってよいかもしれません）を旅してきましたが、世界（あるいは小宇宙）一周の旅もいよいよここで終わりです。この本は小さな冊子にすぎませんが、労働法という雇用社会のルールの概要をある程度総合的・体系的に理解いただけたのではないかと思います。この本をお読みいただいたみなさんは、働くうえで自分がどのような権利を有しているか、また法によってどのように守られているかの知識を得て、これからは自分の足でしっかりと見通しをつけながらワーキングライフを送っていくことができるはずです。ささやかですがこの本で得た知識がみなさんのなかできっと息づいていることでしょう。また、企業では多くの人が働いていますので、ワークルール（労働法）を知ることは自分だけではなく同僚など他の人も幸せにすることにつながり、また、出世して上司になった場合やベンチャー企業を立ち上げた場合などにも部下や社員に対して適切に労務管理を行って快適な職場を作ることを可能にします。とにかく近年、ワークルールに対する関心が高まるとともにその重要度が増してきており、ワークルールが雇用社会の共通常識ないし共通教養ともなっているのです。興味を持たれたみなさんが本書を繙いていただけたことに深く感謝します。最後に、本音を言えば、この本は小さい本とはいえワークルール普及の念に燃えこれまでの教師生活の経験と蘊蓄とノウ・ハウを傾けて執筆にそれなりの心血を注ぎました。それが多少でもみなさんのお役に立てたならば筆者としても望外の喜びです。最後に、みなさんが幸せなワーキングライフを送られることを祈念します。

事項索引

判例索引

著者紹介

三 井 正 信（みつい まさのぶ）

1958 年　大阪府生まれ

1982 年　京都大学法学部卒業後、住友金属工業(株)勤務、京都
　　　　　大学大学院、京都大学助手、広島大学助教授を経て、

現　在　広島大学大学院人間社会科学研究科（法学部）教授・
　　　　　弁護士（広島弁護士会所属）、博士（法学）

〈主要著書〉

『現代雇用社会と労働契約法』（成文堂、2010 年）

『基本労働法 I 』（成文堂、2012 年）

『基本労働法 III 』（成文堂、2014 年）

『フランス労働契約理論の研究』（成文堂、2016 年）

ワークルールの基礎

広島大学社会科学研究叢書 1

2022年 6 月 30 日　初版第 1 刷発行

著　　者　三 井 正 信

発 行 者　阿 部 成 一

〒162-0041　東京都新宿区早稲田鶴巻町514番地

発 行 所　　株式会社　成 文 堂

電話 03(3203)9201　FAX 03(3203)9206

http://www.seibundoh.co.jp

製版・印刷　三報社印刷　　　　　製本　弘伸製本
ISBN978-4-7923-3421-5 C3032　　検印省略

定価（本体 2800 円＋税）